「生存」の歴史をつなぐ

震災10年、「記憶のまち」と「新たなまち」の交差から

大門正克・岡田知弘・
川内淳史・河西英通・
高岡裕之――編

績文堂出版

はじめに

岩手県陸前高田市の再建された市街地に、生活用品のコンビニと呼べそうな「パッケージプラザヨネザワ」の店舗はある。経営者は米沢祐一さん。その話は示唆に富んでいる。

生き延びたいのち、奪われたいのち

真新しい店のドアを開けると、商品棚が並び、調理用品や生活雑貨、包装資材、郷土菓子をつくるための製菓用品などで埋まっている。震災から一〇年が経った頃、嵩上げ工事と区画整理が完了して新しい市街地ができ、その一角で本格的な再出発を果たした。

米沢商会は一九七九年に米沢さんの父親が始めた。米沢さんは東京で商社勤めをしていた約二〇年前、父親を手伝って事業を拡大しようと思い立ち、会社を辞めてUターンした。陸前高田の旧市街地で物件を探し、市民会館の近くにあった三階建てビルを買い取って初代のパッケージプラザとした。それからの日々、顧客を大切にし、骨身を惜しまず働く父親の姿を見ながら営む親子共同事業は、やりがいに満ちていたという。

二〇一一年に長女の多恵さんが生まれて約一か月、これからもっとがんばろうというとき、多恵さんのお宮参りの日に震災は起きた。

妻と多恵さんはお宮参りを終え、大船渡市内の妻の実家に車で向かう途中だった。実家は被災したものの、二人が津波に巻き込まれることはなかった。

米沢さんは、激しい揺れのあと、近くの倉庫に片付けに行っていて津波警報を聞いた。大急ぎで米沢商会ビルまで戻り、その直後に津波が押し寄せるのを目にした。とっさに二階から三階へと駆け上がり、追われるように屋上へ逃れる。真っ黒な濁流が屋上の柵を越えてきたのは、屋上に突き出した煙突へのはしごを登る途中だった。煙突の上に上がり、ひざをついてしがみつき、津波に耐えようと身構えたとき、水かさの上昇はひざのすぐ下で止まった。恐ろしいほどの高さの津波に振り返ると、父親、母親、弟が避難した市民会館は水の下に沈んでしまっている。それを目にした瞬間、米沢さんは三人の死を悟ったという。

被災ビルの解体を断り、震災遺構として保存

今、嵩上げで十数メートル高くなった新市街地の端に立つと、すぐ下に、外壁だけとなった米沢商会ビルが見える。被災直後、米沢さんは市から打診された公費での解体撤去を辞退し、そのままの姿で残すことを選んだ。敷地が非居住地となる区域内にあったため、嵩上げ工事の対象から外れ、土地も震災前の状態で残った。

「この建物を残すことで、津波がいかに高くまで来るか、その事実を後世に伝えることができると思うんです」。嵩上げ工事が始まった頃、米沢さんは「なぜ残そうと思ったのか」と問われると、社会的な意義を

言うのがつねだった。地元には、震災のことを考えたくない、生々しい傷跡を目にしたくない、という人たちもいる。そういう人たちの気持ちは痛いほどわかる。それでも残すのは、後世の人たちに津波の恐ろしさを伝えるためなのだと、まるで自分に言い聞かせるような口調で語る様子が印象に残っている。と同時に米沢さんはこの頃、なぜ自分は建物を残したいと思っているのか、自分にとっての意味を、外に向かって語ることをためらっているようにも見えた。

震災から一一年の三月一一日、新しい店を訪ね、建物を残した思いをあらためて尋ねてみた。口を突いて出たのは「やっぱり残してよかったですよ」。即答だった。嵩上げ工事が終わり、新しい街ができてきて、建物がそこにある意義はより明確になった。地元の人たちからも「残してもらってよかった」という声をよく聞くという。そのような変化とともに、米沢さん自身と家族にとっての建物の意味もはっきりしたものになった。

米沢さんにとっての米沢商会ビルは第一に、津波の高さを後世に伝える震災遺構であり、そこに社会的な意義があると考えてきた。その役割を明確にする趣旨で、自分の命を救った煙突に赤と青のペイントで「津波到達水位」の目印を描いた。頼まれれば、語り部としての役割も引き受ける。県内外の中学校や高校から見学の申し込みが年に何回かあり、子どもたちが来るたびに屋上の煙突まで案内し、自分の津波体験を語って聞かせている。

米沢さんがビルに託した役割は、もう一つある。「津波到達水位」の目印のそばに書かれた文字が、米沢さんの思いを物語っている。「忘れないよ　みんなと暮らしたこの町」。建物の下を通る人に向けた呼びかけなのかもしれない。けれども、「忘れないよ」という内心のつぶやきのようなひとことは、かつてそこにあった街そのものに向けて発する「約束」のようにも見える。ビルの前に立つと伝わってくる。米沢さんにとって米沢商会ビルは、そこにかつて市街地があり、店が並び、多くの人が行き来していた場所であることを「みんな」が忘れないようにする、そのための標柱のようなものでもあるとわかる。

なぜ残したかったのか、年月を経てわかってきた

米沢さんは後ろ向きの話をすることがほとんどない。つねに前向きでいるように見える。ただ、そうであっても、理不尽に断ち切られた生を悔やむ思いが時ににじむ。米沢さんにとって米沢商会ビルは、両親や亡くなった人を思い、どうか安らかにと祈る、慰霊と鎮魂の場なのではないか。震災から間もない頃は、そう感じることが多かった。

それがいつからか、ビルは新しい意味をもちはじめた。

骨組みと壁と床を残すだけの建物であっても、その前に立つと、震災によって断ち切られた両親との時間がもう一度つながり、ここで一緒に暮らしていたのだと、実感できるのだという。震災前の街の様子、あの頃あんなことがあった、親父があんなことを言った。ビルを見ていると、日常の何げない場面が次から次とよみがえってくる。

米沢さんは言う。「このビルは形見みたいなものなんです」「私たちがここで暮らしたあかしですから」。自分にとって米沢商会ビルは、そこで過ごした時間が遺した形見であり、家族の形見であり、消えてしまっ

た街の形見でもある、そんな言い方だった。

そして、米沢さんが何よりうれしいのは、震災前を知らない長女の多恵さんも同じように感じていることだという。震災からこれまで、自分の両親、多恵さんにとっての祖父母がどんな人だったか、どんなふうに暮らしていたか、折にふれ、エピソードを交えて話すようにしてきた。それぞれの誕生日にはケーキを買う。妻と三人で「ハッピーバースデー」を歌い、生前の様子を話しながらみんなで食べる。それが家族の約束になった。

津波で流され、家族のアルバムも残っていない。だから、語って聞かせるしかない。日常生活のなかで語り聞かせながら、毎年の三月一一日の午後、震災が起きた時間に合わせ、家族で米沢商会ビルの前に立つようにしてきた。

そうしているうち、心優しい長女は、会った記憶がない祖父と祖母のことを思い描けるようになった。手がかりは耳で聞いた話しかない。それでも、ビルの前に立つと、祖父や祖母のありありとした姿が浮かんでくるのだという。多恵さんは、震災前と同じ場所に建つ米沢商会ビルを媒介にして、自分がまだ生まれていなかった、震災前の米沢家の時間が自分の今の時間につながっていると感じるようになった。

断ち切られた時間、つなぎ直す営み

陸前高田で電気工事業を営む伊藤敬さんは、嵩上げ工事が進み、新しい市街地ができてきても、自分の車のドライブレコーダーを新しくせず、震災前から使っていたものをそのまま使っていた。区画整理が終わっ

た市街にはこれまでなかった通りができ、運転の役には立たない。けれども、ドライブレコーダーを見れば、そこがかつての街のどこなのかを確認できるのだという。これからは新しい街でやっていくのだと、心の整理ができていても、どこかでこだわっている。断ち切られた時間を惜しみ、わずかでもつながるものを残しておこうとする。口には出さないものの、そんな思いが伝わってきた。

ここでもう一度、米沢さんと長女の多恵さんに起きたことを考えてみたい。かつてそこで営まれていた生活がどんなだったかを知る米沢さんにとっては、米沢商会ビルの前に立つことで、断ち切られた時間はつなぎ直せる。けれども多恵さんは、震災前の街についても、祖父母のことも、自分の体験として知っていることは何もない。その多恵さんが、ビルの前に立つと、そこで営まれていた暮らしとつながっていると感じるようになった。

被災ビルが多恵さんの感覚の起点になっているのは言うまでもない。そのうえで、父親と母親が記憶のなかにある米沢家の日常の様子や具体的なエピソードを繰り返し語って聞かせてきた、その積み重ねが大きな役割を果たしたように見える。日常の何げない言葉や、だじゃれを言って笑ったりしたこと、身を粉にして働くのをいとわない生き方、そんな暮らしの様子を、そのまま言葉にする。自分たちの記憶を移植するような積み重ねが、多恵さんに米沢家の時間を実感させ、時間の流れをつないだのではないか。

陸前高田でのフォーラム再び

私たちは二〇二一年一二月、陸前高田を再訪し、「『生存』の歴史をつなぐ――震災から10年、記憶の町と新たな町の交差から――」と題したフォーラムを開いた。二〇一三年九月の最初の陸前高田フォーラムから八年余りが過ぎていた。私たちは、あらためて被災と復興の現場に身をおき、地元からの報告に耳を傾け、そこにある「生存」の歴史を考察し、全国のオンライン参加者も交えて論じ合えたら、と考えていた。

私たちとは、「地域と人びとを支える資料」の発掘・読み込みと聞き取りを通じて、東北の近現代史に独自のアプローチで迫ろうとする大門正克、経済の地域内循環と人間の復興を唱え、精力的に全国の自治体を講演してまわる岡田知弘、歴史研究と同時に被災した文化財や「地域歴史遺産」のレスキュー作業に力を注ぐ川内淳史、「東北」概念の精緻な分析と洞察によって東北論を根本から問い直す河西英通、東北の医療体制に目を向け、人びとの命を守る仕組みの成立過程を掘り下げる高岡裕之の歴史研究者五人と、人と人をつなぐ力でチームの成立に寄与した書籍編集者の角田三佳、筆者・石井の七人を指す。陸前高田での二回目のフォーラム開催に向けて、七人で準備委員会をつくり、議論を重ねてきた。

今回のフォーラムでタイトルに掲げた「生存」の歴史は、準備委員会代表の大門が二〇〇八年に提唱した「生存の歴史学」をふまえている。フォーラムにおける「生存」は、生きていること、暮らしていることを指すと当時に、その主体である生きている人、暮らしている人を含む表現として用いている。そのうえで、生きることや暮らし方を左右するさまざまな要素、自然環境や社会環境、人と人の関係や生活文化などを、そこで生きている人と同じ地平に立って感じ取り、見極め、考察するのだという私たちなりの決意を込めている。

「生存」の歴史の「歴史」についても、特別な思いがある。タイトルに盛り込んだ「歴史」は、揺れ動く時代状況のなかで生きる人びとに寄り添い、そこに軸足をおいて、変化をもたらした要因や変化の様相を時系列で整理する、そうやって見えてくるものを歴史と呼ぼうという考え方にもとづいている。権力者を主体にした歴史ではなく、生活者の身の丈の「歴史」とも言える。権力の移行や世の中の構造的な変化など、大きな事象の動きを視野に入れながらも、そこで生き、暮らす人びとの日常に身をおこうと努め、その人たちがそこで何を感じ、何を考えて日々の暮らしのあり方を選んだのか（選ばされたのか）、その思いや事情、選択の機序を子細に眺め、汲み取ることをめざす。そのうえで、生き方や暮らし方を規定した事象の流れとともに変化の様相をたどる。そうやって人びとと時代状況の双方を、視点を高く、低く、動かしながら時系列で叙述する。それを私たちは「歴史」と呼ぶ。フォーラムのタイトルにはそうした意図が込められている。

コロナ禍の時代、つながることの意味

フォーラムのタイトルを決める作業は、つねに議論が百出して難航する。長い時間がかかることもある。今回のフォーラムで「つなぐ」という言葉を使うことも、そんなプロセスを経て決まった。時代状況や、陸前高田の市街地再建の様子など、二度目のフォーラムで論じたい要素がいくつかあり、それらをふまえた「つなぐ」だった。

たとえば、人と人が知り合って関係ができたとき、その人たちはつながったと言える。人が思いを語り、聞いた人がそれを受けとめたとき、これもやはりつながったと言える。ある地域を訪れた人が、そこで暮らす人や土地柄、地域の文化に魅力を感じ、そこに住み着いたとき、地域社会と人とがつながったと言うこと

ができる。

大地震による津波や集中豪雨など、大きな自然災害が起きたときにもそのような作用が働くことがある。家や家財道具や思い出のアルバムなど、本当に多くのものが失われ、日常の時間が断ち切られたとしても、わずかに残ったものがきっかけになって、鮮烈な記憶が呼び起こされることがある。米沢商会ビルの米沢さんの話が教えている。日常の暮らしの様子をたくさん語り聞かせることで、そこでの暮らしが思い浮かぶようになる。そんなとき、災害によって断ち切られた時間がつなぎ直されたと言えるのではないか。

私たちは陸前高田を再訪するにあたって、つなぐ、つながるということが、震災からの復興の核心にあるのではないかと考え、フォーラムのタイトルとした。人と人、人と地域、人と文化、あらゆるものを重層的につないでいく努力が、暮らしや生き方を取り戻すきっかけになる、との思いをタイトルに込めた。

コロナ禍で顕在化した日本社会の分断状況も無視することはできない。不要不急の外出を控えるよう政府が求め、人と人が顔を合わせることがためらわれる時代状況がある。そんなとき、震災によって大切な人を失った人たちはどこに拠りどころを求めればいいのか。被災地での人のつながりはどうすれば再構築できるのか。市街地の再建が進む陸前高田で開くフォーラムでは、現状をふまえたうえで考える必要があると思えた。

一方で、若い世代を中心にした女性の自死が増えている。そうした状況にも目を向ける必要があるとの思いがあった。なぜ、私たちの社会はこの人たちの命を救えないのか。被災地に限らず、ひっそりと悩みを抱え、誰にも助けを求められないと思い込んだ人の命を、私たちはどうすればつなぎ止められるのか。たとえば被災地では、仮設住宅での孤独死という悲しい出来事がある。フォーラムの場で「つなぐ」ことの意味が共有され、課題と論点が整理されれば、解決策が見えてくるのではないか。そんな思いがあった。

震災から一〇年を経て、陸前高田の街は新しくなり、暮らしのインフラは整ったかに見える。それでも、新しい市街地には空き地が目立つ。この土地が、人の営みが集積する新しい「街」となっていくために、これから先、どれだけの時間が必要となるのか。見通すのは難しい。それでも、たどるべき道筋を模索するために、フォーラムは震災から一〇年の「現在」を起点として、時間軸を過去と未来の両方向に伸ばす構成とした。過去からは、現在にいたるプロセスを検証すると同時に構造的な変化を明らかにする。そのうえで、過去と現在をつなぐ試みについて考察し、現在から未来へは、芽生えはじめた変化のきざしを探った。

報告者が提示する論点に、会場とオンラインによる参加者の多くの発言が新たな視点を加え、フォーラムの議論は深化した。


本書は、陸前高田フォーラム２０２１の組み立てに沿ってⅣ部８章の構成とした。登壇者がフォーラムの場で語ったことをベースに、それぞれが報告の内容を再確認し、論旨がわかりやすく伝わるよう必要な加筆修正をして本論とした。

第Ⅰ部第１章では、市の幹部職員として復興事業に携わった阿部勝が、震災以降の一〇年の道のりを語っている。陸前高田市では市庁舎が津波で全壊し、職員ら一一一人が犠牲になった。津波に奪われた同僚の姿は今も胸のなかにあり、こみ上げるものは消えないと阿部は言う。尽きない無念を抱えながら早期の復興に向けて計画を取りまとめ、住民に説明し、街の再建をめざしてきた。国が定めた一〇年という復興期間が足かせとなり、時間との競争にならざるをえなかった復興事業の経緯は、当事者の証言であるがゆえにきわめて貴重だ。

第Ⅰ部第2章では、震災以前から市幹部との交流がある岡田知弘が、新たな視点に立って被災と復興をとらえ返そうと試みている。「市」という行政領域から、人が暮らす場である「生活領域としての地域」へと視点を移すことで、見えてくるものがある。

第Ⅱ部となる第3章では、陸前高田の保育を題材に大門正克が地域社会の歴史と蓄積について考察している。津波被害を免れた保育資料と奇跡のような出合いを果たしたことが大門の画期となった。「高田の保育」が映し出す「子どもの世界」に目をこらすことで、震災前後の陸前高田における生存の歴史、喪失と再生の契機が浮かびあがる。

第Ⅱ部の第4章では、市立図書館の菅野義則館長が、被災地における図書館の役割を語っている。「心の復興」が重要な課題となっている陸前高田の子どもたちに向けて、「居場所」を提供する役割が大きいという。図書館としてめざす人づくり・まちづくり、図書館が住民の暮らしに溶け込んでいる現状などが語られる。

第Ⅱ部の末尾には、「聞く・語る・つなぐ」と題して、元高田保育所長の佐々木利恵子さんと大門の対話を収録した。「高田の保育」の散歩をめぐる語り合いは、散歩の場で大切なのは問いかけと話し合いであるとの共通認識にいたる。身近な自然に目を向けるよう促す散歩の過程が、いつか地域の人たちとのつながりになっていく機序は示唆に富む。

第Ⅲ部の第5章では、河西英通が市の広報誌に六五年にわたって掲載された連載記事「気仙風土記」を取り上げる。地元の話題を平易な表現で書きつづけた連載を、地域の姿を記憶し記録する歴史資料であると位置づけ、読み解いていく。また、論考の後半では、地域の歴史を引き継ぐ存在としての大学生や高校生の活動に目を向ける。

第Ⅲ部の第6章では、首都圏から陸前高田市に移り住み、地域の人と地域外の人をつなぐ「民泊」の活動に携わる古谷恵一さんが、移住にいたる心の動きを吐露している。「よそ者」を自認し、陸前高田の自然、人びとの姿を語る口調は優しさに満ちている。

第Ⅲ部末尾の「聞く・語る・つなぐ」では、お年寄りを招いて記憶を頼りに話をしてもらう「陸前高田昔がたりの会」を始めた阿部裕美さんが、語り合いの意義を紹介している。語り合いが、失われた街をありありとよみがえらせる瞬間があるという。

第Ⅳ部は、「生存」の歴史を掲げて推し進めてきた私たちの一〇年の歩みを振り返り、検証するパートとした。第7章の川内淳史は、この間の活動を「歴史実践」と位置づけ、中間総括を試みている。第8章の高岡裕之は、歴史学のあり方への苦い省察を込めながら、私たちが意図してきたことの「解題」をめざす。いずれも、「生存」の歴史学を掲げて東北の近現代を語ってきた者として、その説明責任を果たそうとする論考となっている。

震災から一〇年を経て、被災地域の再建はなお途上にある。本書を手に取り、復興への道のりと東北の現状を知る人が増えたらと、切に願う。知ることで、被災地を思い、つながる人が増えればと思う。

二〇二三年五月

石井　勤

〔目次〕

第Ⅲ部　陸前高田の歴史とあゆむ

第Ⅳ部　歴史実践としての「生存」の歴史

第I部

復興の取り組みと地域構造の変化

第1章

市民と共に歩んだ陸前高田・復興の一〇年
――自治体労働運動と市民性の蓄積

阿部　勝

はじめに

被災者にとって震災後の一〇年は、長くつらい歳月だったに違いないが、復興にかかわってきた私にとって、全壊した市街地の瓦礫だらけの光景を思い出すと、「よくぞここまで」というのが正直な思いである。

陸前高田市内の中心部である高田町には、住宅や商店街、事業所が集中していた。また、市役所や県立病院、体育館や博物館、小学校、中学校、高等学校など多くの公共施設や教育施設がこの場所にあった。市は施設の復旧にあたっては、統合が可能なものは統合し、必要性が低いと判断した施設は廃止することとしたが、それでも、市民生活にとって必要な施設は復旧しなければならず、市では一六〇を超える復旧・復興事業に取り組むことになった。そして私が所属していた都市計画課は、中心市街地や都市公園でもあった高田松原、松原エリアにあった野球場などの運動施設はじめ、多くの復旧・復興事業にかかわることとなった。

復興は行政ががんばれば進む、などというような単純なものではない。市役所は、内外から多くの支援を受けながら力を尽くしてきたが、甚大な被害を受け、被災地でも最大規模となった陸前高田市の復興事業が、他の自治体と比べても遅れることなく、また、可能なかぎり住民の声を反映させたかたちで進めることができた背景には、行政の努力だけでは成しえないさまざまな要因がある。

被災地の復興の記録は、「誰がどう取り組んだ」という、事業主体側からのものが多いが、その背景を分析したものは少ないと感じる。本章では、最前線で復興事業に取り組んできた市役所の、主に筆者が所属していた都市計画分野の一〇年間の取り組みと、膨大な復興事業を支えた市民の存在、その市民性等について考えてみたい。

1　復興にかかわるすべての人が主役となるために

(1)　被災地最大級の被害

私は二〇一九年度から地域振興部という部署で商業や観光、農林水産業、スポーツ振興などの担当をしてきたが、それ以前の二〇〇六年から二〇一八年度までの一三年間は、建設部都市計画課で仕事をしてきた。震災からの一年間は下水道の復旧に向けた毎日だったが、翌年からは復興まちづくりの担当となり、もとの土地から一二メートル嵩上げした土地での中心市街地の整備や、被災した野球場、サッカー場などを再整備する運動公園整備事業、本市のシンボルであった高田松原に、津波犠牲者を追悼鎮魂し、震災の事実と教訓を後世に伝えるために、国や県と協力して進めた高田松原津波復興祈念公園整備事業など、多くのハード整備にかかわってきた。また、中心市街地の整備と連動した商業者の生業の再建にも深くかかわった。

陸前高田市は、岩手県沿岸の最南端に位置する自治体で、隣の住田町から広田湾に注ぐ気仙川の河口に広がる高田平野に市街地があり、そこに住宅や商店、事業所や公共施設などが立ち並んでいた。

二〇一一年三月一一日午後二時四六分、マグニチュード九・〇、震度六弱の地震が発生した。三〇分ほどのちには高さ約一四メートルにも達した津波が襲来し、市街地のほとんどを飲み込んだ。市内における津波浸水高は最大で一七・六メートルにも及んだ。私は間一髪で市役所の屋上に逃れて助かったが、避難所にも指定されていた市民会館や市民体育館などはすべて水没した。黒い波に飲み込まれ流されていく市民や同僚の姿をなすすべもなく呆然と見送りながら、自宅にいたはずの息子たちが避難していることを祈った。翌日、無事であればいるはずの避難所に家族の姿はなく、四日後に突然長男が避難所に姿を見せるまで、私は子どもを失った親の想いを経験した。

市内の全域で多くの市民が亡くなった。当時の市の人口は二万四二六〇人、そのうち一七六一人、七・三％の市民が犠牲となった。とくに今回の震災では、津波浸水区域内の人口に対する犠牲者の比率が一〇・六四％と、宮城県や福島県を含めた被災地全体で最大となった。市の職員も正規職員六八人、臨時職員など非正規も含めると一一一人が犠牲となった。全職員の四分の一、本庁職場で勤務していた職員で言えば三分の一が亡くなるという大きな被害だった。

市内の九割を超える家屋が被害を受けたが、全壊と大規模半壊だけで五〇％に達した。市役所庁舎が全壊し、書類を含めてすべてが流失し、行政機能が回復するまでに長い時間を要した。また、市内の医療の中心であった県立高田病院も全壊するという、きわめて深刻な事態となった。

地震で火葬場が故障し、遺体の火葬ができなくなり、亡骸は、遠くは関東まで運んで荼毘にふした。海から約四キロメートル離れた上水道の水源地が水没したため、市民は約四か月間、水道が使えない日が続いた。水がないと風呂や洗濯など生活全般に影響が出る。飲み水は内陸の遠野市から給水車が毎日運んでくれたが、何よりも困ったのはトイレが使えなくなることだった。今の時代、どこの家でもトイレは水洗になっているが、停電と断水のなかでは公共下水道だけでなく、各家庭の浄化槽も使えなくなり、市内全域の汚水対策が大きな問題となった。食料は翌日から支援物資として届いたが、水道が機能しないことは本当に大きな影響が出ることを実体験した。

（2）複雑で膨大な復旧・復興事業

国が定めた復興期間は一〇年間。本市のように、被災規模が甚大で、かつ自主財源の乏しい自治体では、基本的に国の復興期間中に、しかも、国の復興事業の範囲内で復旧・復興を完了させる必要があった。住民や議会への説明、国への各種事業の申請や承認など、いずれも膨大な作業量であり、多くの人手と時間を要した。

被災自治体は、まず、復興の基本となる震災復興計画を策定する。復興計画は、市の担当部局が国や県の担当者、学識者やコンサルタントなどとの検討をもとに原案を作成し、それを住民に説明し、最終的には議会での議決を必要とする。当然ながら計画は国の復旧・復興事業を念頭において作成する必要がある。本市では、震災の年の一二月に震災復興計画を策定し議会の議決を得た。

復興計画が議決されると次は、国との複雑で長期間にわたる協議が必要になる。自治体側は、限られた国の復興・復旧メニューのなかから使用できる事業を検討し、事業の計画を立て、認可してもらうよう国との協議、調整を重ねる。必要な資料を整え担当者とのヒアリングを繰り返し、担当者の了承を得た段階で正式な申請を行い、さらに、本省との協議と同意を経てから実際の工事に移っていく流れを繰り返す。

本市のように、庁舎や医療施設だけでなく、学校や社会教育施設、消防施設など、多くの施設を失った場合は、災害復旧事業による復旧なのか、復興交付金による事業なのかを含め、対応する国や県との調整が必要となる。国の担当者には、基本的に被災地に寄り添う姿勢を感じたが、実現には本省の壁が存在した。国はワンストップでスピード感のある復興をめざすとして復興庁を創設したが、担当者レベルで協議を進めても、最終的に復興庁内の財務省系の同意が得られないと採択されなかった。

当初私たちは、今次の復興事業は、千年に一度という特別な事態に対応するものだから、国は被災地の現状に合わせて柔軟に対応してくれるのではないかと期待していたが、現実は甘いものではなかった。復興メニューは、すでに採択要件、補助率、補助の上限などがすべて決まっていた。担当者は、震災からしばらくの間は親切に対応してくれたが、復興期間の後半になると厳しさが増していった。事業費規模が大きくなったことによる本省の指示だと思うが、それまでの担当者と積み上げてきた協議も、担当が変わると梯子を外されることも何度かあった。「人が変われば考え方も変わる」と平気で言われたこともあった。

（3）関係者が力を発揮できるように

私が復興事業にかかわるうえで、意識して取り組んできたことは、さまざまな関係者が互いに連携し、力を発揮できるようにするということだった。

大規模な復興事業は、小さな地方の自治体では経験したことのないものであり、それを限られた時間のなかで完了させなければならないという、非常にハードルの高いものとなる。また、復興事業は、多くの分野で専門的な手続きと作業を要する。震災前から職員削減が進められ、もともと少ない技術職員が何人も犠牲になった本市では、数的にも能力的にも、生き残った職員だけで復興事業を担っていくことは不可能だった。

私の所属していた都市計画課は、市街地の基盤を整備する区画整理事業と中心市街地の整備を担当したが、震災直後から、岩手県や一関市などの近隣市町村から、翌年からは福岡市や名古屋市などからも応援職員に来てもらった。また、計画策定や事業化には、都市計画や公共交通などを専門とする学識経験者の力も借りなければならないし、さらに実際の工事を進めるには、ＵＲ（都市機構）をはじめ多くの関係者との共同作業が続くことになる。

さまざまな打ち合わせのなかで、応援職員だけでなく、ＵＲの職員やコンサルタントたちも、最大の被災地である陸前高田市の復興に貢献したいという意識が強く伝わってきた。立場も経験も異なることから、時には激しく議論することもあったが、こうした人たちの熱意と専門性を同じベクトルにまとめることが、陸前高田市の復興にとって重要と考え、いかなる場面でも意識して対応した。

私は事務系の職員のため、専門的でわからないことも多かったが、URやコンサルタントの話をよく聞いた。関係者とのコミュニケーションを深めるために、職場内だけでなく、官民の枠を越えて懇親の場もよく設けた。通常であれば、利害関係者間の飲み会は許されないのであろうが、非常時における円滑な力の結集のためには必要と考えた。

復興まちづくりの主役は、本来、そこで生活し生業を再生させる市民である。ハード整備は重要だが、整備後のまちで被災者が、生き生きと暮らしていくことが復興事業の最終的な目的となる。そこで私は、ハード整備を担う人間と被災事業者、そして被災事業者を支援する人間を結びつけ、関係を深め合うことが重要と考え、そこでのコミュニケーションを大切にした。共通して前向きの志をもった関係者は、自然に互いを「チームたかた」と呼び合い、それぞれが連携して事業を進めていけたことは、きわめて重要であった。

（4）商業者が自分のまちとして生きていくために

賑わいのある復興まちづくりにとって、地元商業の復活と活性化は不可欠の課題である。陸前高田市の商業は、過去には高田町の大町、荒町、駅通りを中心としていたが、一九七〇年代になると、高田松原沿いに国道四五号バイパスが整備され、ロードサイド型の商業エリアが形成されていった。それにともない、旧市街地の商店街はシャッター通りと化し、衰退の一途をたどっていた。そこを東日本大震災が襲った。震災前の商工会員数は六九九人、そのうち約二割にあたる一二八人の事業主が亡くなった。生き残った事業者は、浸水域を離れた不便な場所で、仮設店舗での営業を始めた。

商工会は、まだ瓦礫が残る震災の翌年の九月に、市役所庁舎を避難ビルの機能をもたせつつ中心市街地に建設すること、また、事業者の本設再開にあたり、公設民営の共同店舗の建設等を求める要望書を市と市議会に提出した。制度上の裏づけをもたない要望に対し市側の受けとめはきわめて消極的だった。その場に立ち会った私は、このままでは商工会と行政が対立しかねないと感じ、中心市街地の担当でもある私自身が、できるだけ商業者の実態と現状を把握し、復興事業に反映させたいと考えた。限られた期間内に、限られた戦力で、よりよい復興まちづくりを進めるためには、対立ではなく協働による復興にしていかなければならないと強く思った。

本来、都市計画課の仕事はハード整備が中心だが、私は被災事業者の再建に向けた彼らの本音を聴こうと努めた。商工会の再建のための会議は頻繁に開かれた。中心市街地企画委員会だけでも七八回を数え、そのほかにもまちなかへの出店勉強会など多くの集まりがあったが、招かれた会議には基本的にすべて参加した。集まりに参加して、はじめて知ったことも多かった。たとえば、商業者の商売の仕方はさまざまであり、仲のよい知り合いでも、自分の仕事の中身や事情は他人には教えない。同じ職場で、同じような労働条件で長年働いてきた私には特別な感覚だった。

被災者が使う仮設店舗は、中小機構の支援で無償で確保できるが、内装や設備は自己負担である。その仮設店舗で数年営業してから、今度は本設の店舗を建てなければならない。補助率七五％のグループ補助金が使えたとしても自己負担は生じる。しかも彼らは、店舗だけでなく、自宅も再建しなければならない。そんな商業者の現状を知り、事業に反映させるためには、彼らの懐に入る必要性を感じた。

私が、協同による復興まちづくりを強く意識した背景には、二つの思いがあったからである。

一つは、詳しくは後述するが、陸前高田市が一九九五年に市政施行して以来、まちづくりの方向性をめぐって、何度となく行政と市民が大きく対立してきた経験をもっていたこと、もう一つは、阪神・淡路大震災の復興の経緯で私が教訓にすべきと感じたことからである。

阪神・淡路大震災では、神戸市が地元住民の反対を押し切り、新長田地区の再開発事業を進めた。このとき、市は震災後わずか二か月で再開発のための都市計画を決定し、事業を強行したのだった。その結果、住民は分断され、整備された商業施設には被災事業者が入居できず、いまだに一度もシャッターが開いていない店舗も存在する。二〇二〇年に神戸市が行った検証では、新長田の再開発事業で「三二〇〇億円以上の赤字」という衝撃的な数字を明らかにした。私も直接現地を訪ね、現状を目の当たりにしたが、故郷をあのような復興にするわけにはいかないと、強く心に誓った。

普通、商業者は交通量や消費者が多く、商売が成立する場所で営業する。しかし、陸前高田市の商業者たちは、いずれ復興需要も縮小し、住民もどれだけ戻ってくるかわからない場所に再建しようとしていた。彼らは、「まちをつくる」という意気込みで、何もない所に、新たな借金をして店をつくろうとしていた。こうした姿勢にできるだけ応えたかった。

新しく整備される市街地は、まだ造成工事が続いていたが、商業者がモチベーションを保ち、展望をもって本設に向けて準備を進めることができるように、私は、行政内部で検討段階の情報でも、可能なかぎり被災事業者に伝えるように心がけた。通常、行政は、あとで責任を問われないように、確定したことしか言わないのが一般的である。しかし私は、今行政は何をどのように検討しているか、何を悩んでいるかなど率直に伝えた。事業者の再建への想いをしっかり受けとめ、できることは実現に向けて努力するし、できない場合は、できない理由も明確に伝えるようにした。大型遊具のある「まちなか広場」や商業施設アバッセと併設された「市立図書館」、アバッセ前に整備した大きな公共駐車場など、イベントに頼らず人の流れや賑わいをつくるための施設整備は、そうした商業者との対話のなかで認識を発展させながら実現していったものだ。

腹を割った双方向のやりとりが、行政と被災事業者との信頼関係につながっていったし、行政がこうした姿勢をとることで、ＵＲやコンサルタントのメンバーも、正面から事業者と向き合うようになっていった。これは、現在のまちづくりでも大きな財産となっている。

（５）限られた条件のなかで、最良のたたき台をつくる

被災した自治体では、国や県などに多くの応援職員を要請したが、職員体制はどこでもギリギリであり、そのため、自治体によっては、ＵＲやゼネコンなどに事業を丸投げするところがあるとも聞いた。だが、陸前高田市では、体制は厳しいなかでも、復興事業は、最終的には行政が責任を負っているという意識が強く、事業内容やスケジュール管理など、できるだけ深く関与してきた。これは、復興を進めていくうえで重要な姿勢だったと感じている。

同時に、復興は時間との勝負でもある。被災者の多くは、応急仮設住宅での生活を余儀なくされている。

応急仮設住宅は、基本的にすべてプレハブで、制度上使用できる期間は二年間となっている。狭く断熱性のない建物で、夏は非常に暑く冬の寒さは厳しい。カビの発生も尋常ではない。壁は薄く隣の物音は筒抜けで、プライバシーなどまったくなく、文化的な生活とは程遠いものだ。復興事業が二年で終わるわけもなく、国は毎年期限を延長した。こうした現状から一日も早く被災者を解放させることも自治体の使命だった。

本来であれば住民の声を聴き、丁寧に事業を進めたいと思ってはいても、スピードを最優先にしなければならず、そのため私たちは、被災者との対話をもとに、可能なかぎり被災者が合意できる事業案を提示し、できるだけ早く事業を進めるよう努めてきた。

震災前の記憶を新しいまちに

私は技術的な専門知識はなかったが、まちづくりの基本については、地元の人間の感覚が大事だと思っていた。生まれも育ちも地元だった私は、震災前にまちを構成していた要素は、できるだけ復興事業に取り入れたいと考えた。そのため、直接都市計画課の仕事ではない分野でも、可能なかぎり関与しようとした。

私が復興まちづくりの担当になったときには、道路の線形など基本的なことは決まっていたものの、それ以外の詳細については何も決まっていなかった。そのなかで、私は、新しくできるまちが、何か他所から持ってきたような、そんなまちにすることだけは避けたいと思った。嵩上げされた新しいまちの下には、もともと市民の生活が営まれていた大切なまちがあったわけで、千年に一度と言われる津波が来なければ、市民はそこで普通の生活を送っていたはずである。私は、新しいまちは、前よりも賑やかで住みやすいものにする努力をしつつ、できるだけ震災前の記憶を大切にし、震災前の風景を感じてもらえるようにしたいと考えた。このことは、まち全体が流失してしまった津波災害からの復興ではとくに重要と考えた。

たとえばかつて商業の中心地だった大町の歩道の上には、商いの神様である「市神様」があり、地域の人が大切にしていた。信仰や文化は地域にとっては大事なものであり、そういう場所は計画段階から確保するようにした。また、高田町中心部の小高い森には本丸《ほんまる》公園があり、市民の憩いの場所となっている。この公園は、かつては高田城があった場所で、その下の市街地にはかぎ型の道路があった。うごく七夕では、この

市神様（震災後）

整備後の本丸公園

うごく七夕（震災後）

細く曲がったかぎ型道路をいかにうまく運行するかが各祭り組の腕の見せどころでもあった。こうした思い出多い通りは、できるだけ元の位置に残すこととした。震災前の市民会館の前には、広い芝生の公園があった。市民マラソン大会の選手の集合場所でもあり、市民文化祭には、出演する子どもたちが、本番前の練習をする姿があった。新たに整備した市民文化会館（奇跡の一本松ホール）の前にある広い芝生公園も、震災前のこうした風景をもう一度再現するために配置した。字名や公園名、橋の名前も基本的には震災前のものを採用した。川原川は、区画整理事業により、その線形が変更されようとしていた。河川敷には太く大きな欅《けやき》が数本、津波でも枯れずに残っていたが、当初の設計ではその大切な欅は伐採されることになっていた。私は、できるだけ残せるものは残すべきと主張し、結果的に欅は残されることになった。

将来的にまちをコントロールしつつ、個人の権利も

被災した自治体では、被災状況だけでなく、復興の考え方や事業の組み立てもすべて異なる。人が住む場所と商業エリアを明確に区分けして、できるだけ早い商業再開をめざした自治体もあるが、本市の場合、市街地は、最大規模の津波が襲ってきても浸水しない高さまで造成することとした。商業地だけをつくるのではなく、震災前のように人が住むまちをつくることを優先させたのである。そのため、基盤整備には他の被災地よりも長い時間を要してきたが、現在は商業施設や事業所だけでなく、住宅を建てて住みはじめる人も出てきた。少しずつではあるが、当初描いたようなまちができつつある。

この広い嵩上げの土地は、区画整理事業によって整備されている。区画整理事業は、通常、換地によって

道路や公園の用地を確保し、そのうえで個人の土地を配置していくのが一般的だが、陸前高田の中心部には、震災後に制度化された津波復興拠点整備事業（拠点事業）により、行政が取得した土地を配置している。土地を被災事業者に安価に貸し出すことによって、事業再建を後押しするとともに、将来にわたって、賑わいや景観をコントロールできるようにするのが目的である。

しかし、被災事業者のなかには、どうしても自分の土地で商売したいという人も存在する。こうした声も受けとめ、市が貸し出すエリアのなかに、まち全体のレイアウトを大切にしたうえで、個人の土地もちりばめて換地するようにした。ただでさえ区画整理事業の換地は難易度が高いが、本市の場合は、地権者の要望を聞きながらの任意の換地であり、しかも区画整理事業のなかに、拠点事業や防災集団移転促進事業（防集事業）を導入しながら、市有地と個人所有地を調整するという複雑で苦労が多いものとなった。この作業では、URの担当者が大きな力を発揮したが、同時に、将来にわたって賑わいのあるまちをつくることと、個人の権利の双方を大切にするという市の方針が、地権者に受け入れられた結果だったと考えている。

2　不可欠だった市民の理解と協力

これまで、主に行政側の取り組みについて振り返ってきた。冒頭記述したように、復興事業は、行政ががんばればうまく進むわけではない。市の方針を理解し、さまざまな場面で復興事業を支える市民の存在がなければ現在のまちの姿はなかった。

震災の年の一二月に策定した震災復興計画は、悲惨な被害を二度と繰り返さないように、安全で安心して住めるまちづくりの前提として、沿岸部に一二・五メートルの防潮堤を整備することとしていた。防潮堤の高さを決める国や県との調整は困難の連続だったが、とにかく市は、一二・五メートルの防潮堤建設を前提とした復興計画を市民に示した。防潮堤については、市の計画公表を前後して、主に市外からさまざまな学者や団体が乗り込み、「コンクリートではなく樹木による緑の防潮堤が必要」とか、「海を目視できなくなるので、そもそも防潮堤は不要」などと、市民世論を煽り誘導しようとした。

防潮堤の高さは、沿岸部の地域ごとに協議し決められることになっており、変更は可能とされていたが、結果的にはすべての地区で、市の提案どおりの高さとすることになった。市民は、少しでも早く、安全なまちにするため、行政の提案を受け入れたのである。

また、復興事業は、個人が所有する土地との関係が多く出てくる。言い換えれば、土地所有者の協力がなければ復興事業は進まない。私が陸前高田市の復興事業で特筆すべき点として強調したいのは、この土地所有者の協力があったことである。

（1）復興事業のトップをきった「総合交流センター」

私は震災の翌年、復興のシンボルとなった「奇跡の一本松保存事業」に取り組んだが、同時期に担当したのが、総合交流センター（現：夢アリーナ）の用地取得だった。事業担当は復興対策局だったが、庁内の役割分担で、用地取得は都市計画課が担うことになった。課には、岩手県や他の自治体からの応援職員もいたが、用地交渉はやはり地元を知っているプロパー職員がよかろうと考え、私が責任をもつことになった。夢アリーナの敷地は約九・一ヘクタール、地権者は二〇人ほどいた。土地は、東日本大震災後に新設された津波復興拠点整備事業（ただし、宅地は防災集団移転促進事業）により用地取得を進めることとなった。

地権者全員を対象に事業説明会を開催し、その後は個別に訪問して土地を売ってくれるよう依頼した。地権者の多くが被災者であり仮設住宅で暮らしていた。対象となった土地は、ほとんどが山林で、苦労して植林した樹木も多くあったが、こちらが想像していた以上に地権者は好意的だった。なかには面倒な条件を提示してくる者もいたが、基本的には皆快く土地を譲ってくれた。

（2）復興を加速させたベルトコンベアを支えたもの

次の用地の仕事は、巨大なベルトコンベアで運ばれた土砂を一時仮置きするための土地の確保だった。

高田地区の区画整理事業は、海抜二メートルに広がっていた元の市街地に、川を越えた気仙町今泉地区の山を削り、その切り出した土を嵩上げ土として利用し、高さ八メートルから一二メートルにまで盛土する大工事だった。削り出された土砂の運搬方法を検討したが、通常の一〇トントラックを使用した場合は八年半かかると推計された。しかも、運搬期間が長いだけではなく、その間道路はすべてトラックが数珠つなぎになってしまうため、一般車両は通れないことになる。トラック専用の橋を造る場合は、漁業への影響を避けるために工期がさらに伸びる。それらを解消するために計画されたのが、大規模なベルトコンベアである。ベルトコンベアは全長三キロメートルにもなる。搬出される土砂は一日二万立法メートル、トラック

全長３kmの巨大ベルトコンベア

四〇〇〇台分の土砂を、川を越えて一気に嵩上げ現場付近まで運ぶことが可能となる。この方法により土砂の運搬期間は二年半に短縮されることになる。

しかし、この工事の前提として必要とされたのが、土砂の広大な仮置き場である。ベルトコンベアで運ばれた土砂は、いったん仮置きされ、そこから大型運搬車で嵩上げ現場に運ばれる。この仮置き場の候補地となったのが、高田松原の背後に広がっていた高田沖圃場である。

この場所は、高田松原の松の木が潮風から守ってきた三〇ヘクタールの水田地帯である。対象となる地権者は約一八〇人。土地は、ベルトコンベアの設置から撤去まで四年間にわたり借りなければならない。しかも、そのための財源は認められていなかったため、無償での借用を前提としていた。

地権者への説明会に私も参加した。「はたして無償で応じてくれるのか」そんな不安はあったが、事情を説明すると、会場に集まった地権者は皆協力を約束してくれた。地権者は自らの農地復旧よりも、復興事業への協力を優先させてくれたのである。

（３）住宅再建を加速させた防災集団移転促進事業

市は、被災者の住宅再建を最優先で進めてきたが、その柱の一つが防災集団移転促進事業である。防集事業は、被災した土地を市が買い取り、その一方で、高台の土地を新たに買収し宅地造成したのちに、被災者に売却または賃貸する制度である。陸前高田市では、もともと商業地を形成していた高田町中心部および、気仙町今泉地区以外の広田町、小友《おとも》町、米崎《よねさき》町、高田町の中心部以外、気仙町、竹駒町および、矢作《やはぎ》町下矢作地区については、防集事業を導入し生活再建を進めた。

市内の防集団地は全体で三〇か所と、被災地で最も多い団地数となったが、近隣の被災地よりも早く、二〇一八年七月にはすべての団地が完成した。その要因は、できるだけ変更が生じない団地計画とスムーズな用地取得である。

防集事業は、団地ごとに整備計画を国に申請し、認められた場合にはじめて工事に着手できるが、その団地に住む被災者数が確定していることが前提となる。何らかの事情で、世帯数が増減した場合には、変更申請し、あらためて承認が必要となる。他の自治体では、アンケートにより意向確認をとり、その結果にもとづいて整備計画を策定するケースが多いと聞いたが、アンケートにもとづく方法では、つねに変更が発生してしまい、その結果、事業はなかなか進まないことになる。

一方、陸前高田市の防集事業は、被災前のコミュニティを基本とし、団地ごとに防集事業に参加する世帯を確定させ、そのうえで事業を進めていった。互いに誰が団地に住むかを認識し合う関係をつくることで、その後の変更を極力少なくしようとした。当時の担当は「被災者の事情はさまざまで、当初、防集に参加しようと考えていても、ほかの場所での自力再建に切り替える人も出てくる。そこで、急がば回れという想いで、参加世帯を確定させることを優先させた。このことが結果的に早期の再建につながった」と話していた。また、防集事業による用地取得は、法的な強制力がない任意事業であるため、地権者が事業に協力し、造成する土地を売ってくれなければ成立しない。団地数が多い分、地権者の数も多く、防集団地の地権者は、市内全体で二〇〇〇人を超える数となった。用地交渉は市の担当だけではなく、防集団地で自宅を再建する被災者や地元の顔役、市議会議員などが重要な役割を担った。計画も用地取得も、地域のコミュニティに依拠した取り組みとしたことが功を奏した結果となった。

(4) 二〇〇〇人の起工承諾でスピードアップした区画整理事業

通常の土地区画整理事業は、まず事業区域を定めて換地計画を策定し、その内容を地権者が認めることを前提とし、事業認可後に道路や宅地、公園などの工事を行っていく。道路の幅員が広くなり、公園や緑地の確保も義務化されることから、個人の土地は減歩されるため、反対する地権者も出てくる。そのため、土地区画整理事業は長期間の事業となるのが一般的である。

陸前高田市の場合、高田町の中心市街地と気仙町今泉地区については、衰退していたとはいえ商業エリアが存在していたことから、防集事業ではなく、嵩上げし面的に土地を整備できる被災市街地復興土地区画整理事業を導入することとした。

ここで問題になるのが事業期間である。嵩上げ工事ができるとはいえ、制度は通常の区画整理事業と変わりはなく、嵩上げ工事の分だけ、より時間を要する。事業面積は、両地区合わせて約三〇〇ヘクタールという広大な面積である。そのため市では、換地計画を定める前に、下水管等の埋設物や建物の基礎の撤去を行い、土地の嵩上げ工事を先行させようとした。しかし、個人所有の土地に行政が勝手に手を付けることを可能にする法的な根拠はなかったため、市は、強制力のない任意のものだが、起工承諾を地権者から得て、工事に順次着手しようとした。地権者の数は、両地区合わせて二〇〇〇人以上となった。もちろん地権者全員が市内に居住しているわけではない。震災で地権者が亡くなった場合は、法定相続人から承諾を得なければならない。承諾を得ることができない土地が一筆でもあれば、その場所の付近一帯は嵩上げ工事ができないことになる。用地担当職員は、手分けをして起工承諾を得るために奔走した。なかには、九州まで出向き承諾の印鑑をもらうこともあった。区画整理事業そのものに賛同しない地権者もわずかにいたが、粘り強いはたらきかけのなかで、二年足らずですべての地権者から起工承諾を得ることができた。職員も努力したが、この地権者の協力なしには、広大な面積の区画整理事業を早期に進めることはできなかった。

(5) 高田松原運動公園

本市の震災復興計画では、現在ワタミがオーガニックランド事業を展開している今泉北地区に、当初、野球場やサッカー場などを集約することとしていた。この場所は、もともと水田だったところで、一九九〇年代から、国道三四三号線を整備するために区画整理事業を実施したエリアであったが、市はここに運動公園を整備するために、防集事業により土地の取得をめざした。総合交流センター同様に、計画は復興対策局が策定したが、地権者交渉は都市計画課が担うこととなった。ところが、地権者を対象に説明会を開催し、用地買収を進めていた最中に困った問題が起きた。

運動施設は社会教育系の施設であるため、市では当初、文部科学省の災害復旧事業により整備を進めようと考えていた。ところがその後、文部科学省は、嵩上げしていない場所での復旧事業は認めない方針であることが判明したため、市は別の場所での運動公園整備を検討せざるをえない事態となった。

こうした状況を受けて、岩手県の都市計画課が国土交通省と協議した結果、都市公園事業であれば、嵩上げしない土地でも復旧が可能との情報を得た私たちは、現在の運動公園を整備した一帯の土地に着目した。このエリアは、震災前には二八三世帯六八七人の市民が居住していたが、嵩上げをしない区域となるため、当初祈念公園用地としての利用を考えていた場所であった。国との調整により、運動公園は復興交付金事業ではなく災害復旧事業により再建することとなり、用地は防集事業により取得を進めることとなった。前述のとおり防集事業は、任意事業であるため収用などの法的な強制力はない。一人でも賛同しない地権者がいれば、運動公園として、面的な整備ができなくなってしまう。この区域は、野球場が二面、屋内練習場が一棟、サッカー場が二面、一〇〇〇台収容の駐車場がちょうど確保できる面積を有していたが、買収できない土地が一筆でもあれば、計画そのものが成り立たなくなってしまう危険があった。

この運動公園の整備は、用地取得を含めて、すべて都市計画課が担当することになった。地権者を実際に訪問すると、将来にわたり住めない土地だとしても愛着を感じ売りたくないという人や、買収には応じるが、嵩上げ地の代替地が条件という人など事情はさまざまだった。私たちは粘り強く交渉を続け、最終的には地権者全員から土地を買収することができた。新しく整備された高田松原運動公園は、震災前の施設だけでなく、同じ都市公園区域にあったさまざまな被災施設を災害復旧事業で再現し、また、民間企業からの支援も得て充実した施設に生まれ変わった。

3　復興を支えた市民性と、市民と行政の信頼関係

甚大な被害を受け、被災地最大級の復興事業が展開されてきた陸前高田市では、市の事業だけでも一六四事業、事業費は約三九〇〇億円、単年度の予算規模は震災前の約一〇倍となる一〇〇〇億円を超え、人口三〇万人の県都盛岡市の予算より大きいものとなり、まさに市全体をつくり直すような期間だった。

膨大な復興事業にかかわった市民の数は決して少なくはない。復興事業を進める大前提として、これまで述べてきたように、市民の計画への理解とともに、具体的に多くの地権者の協力が不可欠であった。

では、市民が協力してきた背景には何があるのだろうか。地権者が「たまたま優しい人が多かった」というような単純なものではないと思う。本市の震災復興計画策定委員会の委員長を務めた中井検裕氏（東京工業大学大学院教授）は、「地元説明会では、もちろん異論が出されることはあっても、総じて全員が冷静に、互いの発言に敬意を払いながら話されていたと記憶している」と語り、また、阪神・淡路大震災のときにも同様の場に立ち会ったが、そのときとはまったく異なっていたと話している。

復興計画をはじめ、市が示すさまざまな復興事業に対し、市民は基本的に市の方針に理解を示し協力してきた。非常時という特別な状況下ではあったとしても、そこには市民と行政との間に、信頼関係と言えるものがあったと言っていいのではないかと感じている。当時仮設庁舎には夜遅くまで電気がついていたが、市民からは「体調はだいじょうぶか」「無理しないようにな」と声をかけられた職員の話をよく聞いた。こうした関係は、震災ではじめてできたものではなく、過去のさまざまな出来事が影響してきたのではないだろうか。ここではこうした関係がどのようにして培われてきたのかを、まちづくりの歴史のなかで形成されてきた市民性と、それに影響を与えた自治体労働者の運動という角度から考えてみたい。

(1) いいものはいい、ダメなものはダメと言える市民性

陸前高田市は一九五五年に八つの町村が合併し、人口三万二八三三人の自治体としてスタートした。隣接市である大船渡市と宮城県気仙沼市は古くから港湾を中心に産業が栄えていたが、陸前高田市は工業的な発展ができないできた。一九六三年に市長に就任した熊谷喜一郎氏は、合併後も続いていた人口減少（合併時から約一八〇〇人減少）や市民所得の低迷（県内六二市町村中四十数位）を打開するために、一九七〇年に、広田湾の一部を埋め立て、臨海工業団地を造成する案を盛り込んだ「陸前高田市新総合開発計画」を策定した。これに対し、広田、小友、米崎、高田、気仙の各漁協を中心とした沿岸地域をはじめ、市内で一〇あまりの団体が反対運動を展開した。一九七三年に県は「県勢発展計画」から広田湾開発を削除したが、それでも市は単独で広田湾開発を強行しようとした。一九七五年の市長選挙は、広田湾埋め立て問題が最大争点と

なった。熊谷市長の一万九四八票に対し、埋め立て反対を訴えた三二歳の共産党の専従職員が五一八六票を獲得し、反対の声の大きさを示した。次の一九七九年の市長選挙も同じ顔ぶれとなったが、埋め立て反対に三五四〇票が寄せられ、結果的に熊谷市政は、広田湾埋め立てを強行することはできなかった。

一九八七年に熊谷市政の後継として菅野俊吾氏が市長となった。同じ年、国はリゾート法（総合保養地域整備法）を策定し、全国各地でリゾート構想が策定された。岩手県でも一九八九年に「さんりく・リアスリゾート構想」が策定されたが、これを受け菅野市政は、一九九一年に広田湾開発計画を削除する一方で、リゾート地域整備構想を打ち出した。

菅野市政は、それに先駆けて、本市出身の芸能人が運営する民間会社が、一九八八年に市内小友町仁田山にゴルフ場を建設する計画を明らかにしたことを受け、この計画を進めるために、庁内に用地確保のため専属職員を配置して事業を進めようとした。当時、全国各地のゴルフ場では、農薬による環境への影響が問題視されていたが、陸前高田市でも漁民を中心とした建設反対運動が広がり、ゴルフ場建設は実現しなかった。

その後も菅野市政は、「活力とうるおいに満ちた海浜文化都市」のキャッチフレーズのもと、小友町にファミリーランド整備計画、高田駅裏にテレトラック（場外馬券発売所）誘致計画などを進めようとしたが、地元住民やPTAなどの反対により実現できなかった。また菅野市政は、「サイクルロードレース」（一九八六年〜）や「全国太鼓フェスティバル」（一九八九年〜）などの観光イベントの開催とともに、道の駅「タピック45」（一九九一年）や「海と貝のミュージアム」（一九九四年）など観光施設の整備を進めた。巨額の事業費が投じられる一方で、基幹産業である第一次産業や、教育・福祉は後景に追いやられた。このときリゾート優先の市政の転換を呼びかけたのが、共産党市議の中里長門氏と自民党市議の戸羽太氏（前市長）であった。

一九八九年に開業した民間リゾートホテルの経営悪化に対し、菅野市政は増資などの支援を重ねたが、ホテルのさらなる経営悪化を受けて、市は二〇〇一年にホテルの公設民営化を強行した。さらに、一九九六年からリゾート施設であるタラソテラピー（海洋療法施設）建設計画を進めようとした。タラソテラピー計画は反対世論に押され二転三転したが、最終的には事業費七億円をかけて、民間ホテル支援のために、ホテルの隣接地に整備される計画となった。市財政が悪化し、財政再建団体に陥る危険性があるなかで、七億円のリゾート施設の整備に多くの市民が反対したが、菅野市政は議会での多数を背景に強行しようとした。建設の是非を問う住民投票を実現するための、条例制定を求める市民運動が巻き起こったが、議会では否決され、その直後に行われる市長選挙がタラソテラピー建設の是非を問うものとなり、中里氏が市民団体から要請され立候補した。選挙では「共産党市政になれば庁舎に赤旗が立つ」「国からの仕事は来なくなる」という露骨な反共宣伝が行われたが、大方の予想を覆し中里氏が市長に選ばれた。党派を超えた市民の勝利であった。

その後中里市政は、小泉構造改革のもとで、地方交付税削減や市町村合併の強要など難題に次々と直面した。「当面自立」を掲げた中里市政に対し、県や隣接自治体の財界やマスコミが露骨に合併を誘導しようとしたが、市民は自立の道を選んだ。中里市政を継承した戸羽市政に対しても、さまざまな攻撃がかけられたが、市民は民主市政を選択しつづけてきた。

基本的に保守が強い地域でありながら、相手が誰であろうと、悪いものは悪いとしっかり言える市民性、長いものに巻かれず、党派を超えて団結してきた歴史が、東日本大震災からの復興でも活きてきたのではないかと感じている。

（２）自治体労働組合の貢献

市民と行政との信頼関係に影響を及ぼしてきた要素として、市役所の職員労働組合（以下、高田市職労）の存在についても述べておきたい。

高田市職労は、一九五五年の市政施行と同時に結成された。結成以来、県内でも最低水準だった労働条件の改善を進める運動と、市民の暮らしや福祉を守る運動を統一して取り組んできた歴史がある。

さまざまな取り組みのなかから、市民との関係構築という点で重要だったと考える三つの特徴的な取り組みを紹介したい。

保護者・民間保育士と協力し、統廃合計画から公的保育を守る

一九九一年の六月議会で、保育の拡充を求めた議員の質問に対し、答弁に立った当時の助役は保育施設の統廃合の方針を打ち出した。助役の主張は「保護者は子どもを保育所ではなく幼稚園に入れたいと思っているが、市内には幼稚園が一か所しかないため、保育所に入れざるをえない。しかし保育所は、保育に欠ける世帯しか入所させられないため、保護者は無理をしてパートに出て保育に欠ける状態をつくっている。こうした矛盾を解消するためには、保育所を縮小し幼稚園を増やす」というものであった。また、その際助役は、当時市内に一一か所あった保育施設を大幅に削減し（市は公に公表しなかったが、当時の計画では一一施設を四

施設にする内容だった)、保育士は半数程度になるという考えを示した。これに対し、陸前高田市保育所（園）父母の会連絡会、法人立保育園の職員団体である法人職員連絡会、高田市職労保育所分会が集まり、統廃合は親にとっても保育士にとっても、そして何よりも子どもたちにとって重大問題であることから、三者が連帯していくことを確認し合い、一一月に「陸前高田市保育をよりよくする会（よくする会）」が結成された。よくする会は、一九九二年に、市内の乳幼児のいる全世帯に実態アンケートを実施した。アンケートには、父母は家計を支えるために懸命に働いていること、どの親も幼稚園ではなく保育所を必要とする声が寄せられた。

当時の市内の保育施設は、屋根から瓦が落ちたり、窓枠が腐れて倒れたり、砂ぼこりが教室に入ってくるなど老朽化が激しく、また、トイレも汲み取り式で、安全面でも衛生面でも大きな問題を抱えている施設が圧倒的多数であった。よくする会の結成で、保育所に子どもを預けることは保護者の権利であり、よりよい保育環境をつくることは行政の義務であることを学んだ保護者は、保育所の改修など、切実な要求を市にぶつけた。よくする会の設立により、保護者が保育の主人公となる運動が広がった。

保育施設の縮小の姿勢を崩さない市に対し、一九九四年によくする会は、市内のすべての保育施設を残すことを基本に、保育環境の改善を求める署名活動を行った。署名はどの地域からも歓迎され、最終的には一万七〇九六筆と、有権者の七五％を突破した。高田市職労はよくする会の一員として、積極的に活動するとともに、労働組合としても市長に対して撤回を求めつづけた。こうして市民とともに闘った結果、市は統廃合計画を撤回したのであった。

県立高田病院を守り拡充をめざして

二〇〇三年に県医療局は、医師不足と医師の負担軽減を理由に「県立病院改革プラン」を策定した。計画の中心は、県内のいくつかの主要地方病院に医師を集中させ、隣接する県立病院からは医師と入院ベッドを撤退させるというもので、二〇〇四年には、当時二病棟あった高田病院も一病棟が削減されることになっていた。この計画に対し、岩手県医療局労働組合高田病院支部の呼びかけで「高田病院を守り発展させる」という一致点で、「県立高田病院の縮小に反対し、機能強化・充実を求める市民の会」（市民の会）が設立された。県医労とともに事務局を担った高田市職労は、県立病院の縮小はすべての市民にかかわる重大事であり、より幅広い運動を展開するため、市内の各種団体に粘り強く会への参加を呼びかけた。その結果、市民の会には、市コミュニティ推進協議会連合会（市コミ協）、市地域女性団体連絡会、市老人クラブ連合会、市ＰＴＡ連合会、市青年団体協議会、陸前高田青年会議所、市保育所（園）父母の会連絡会、市気仙大工左官親交会が参加することになり、全世帯を網羅する組織となった。会長には市コミ協、副会長には市地域女性団体連絡会の会長がそれぞれ就いた。

市民の会は、市内全域で「平成一六年度一病棟休止の凍結」「現行の常勤医師体制の維持」の二項目からなる署名活動を展開し、市民から一万九一一〇筆の署名が寄せられた。市民の会は、寄せられた署名を携え、二度にわたり県に要請活動を実施。盛岡市で開催された「サテライト反対県民集会」には大型バス二台で一〇〇名の市民が参加した。しかし、こうした市民の願いを無視し、県医療局は二〇〇四年三月をもって高田病院の産婦人科を廃止した。

市民の会は、産婦人科の廃止後も活動を継続した。その後赴任した石木幹人院長と定期的に懇談し、研修医に病棟以外の経験を積ませようとしていた病院の要請に応え、会は研修医のホームステイの受け入れなどを行った。また、会は独自に地元出身の医師情報を広く市民に呼びかけるなど、医師確保の取り組みも進めた。

当時、高田病院は毎年赤字を積み重ねていたが、石木院長のもとで入院患者の受け入れを強化し、訪問診療など市民ニーズに合わせた努力が行われた結果、二〇〇九年度には黒字に転じ、県医療局は、二〇一一年八月から回復病棟として一病棟増やし、病床数も七〇床から九〇床への増床が予定されていた。こうしてさまざまな努力が実りつつあった矢先、東日本大震災が高田病院を襲ったのである。

二〇一一年一二月、会は仮設診療所で診療を開始した高田病院との懇談会を実施した。当時、高田病院は、入院病棟のある病院としての再建を県医療局に求めていたが、県の再建計画では、高田病院の入院病棟については明記されていなかった。県医療局が二〇一三年一月二〇日に開催した「県立高田病院の整備に係る住民意見交換会」で医療局が示した再建案は、震災による人口減少や高齢化率等を理由に、震災前を下回る五〇床程度にするというものだった。こうした状況をふまえ、会は二〇一三年二月二〇日に市議会に対して「県立高田病院の医師体制について充実を図ること」などを求める意見書の送付を求める請願書を提出し、二月二八日には知事、県医療局長、県議会に対しても同様の要請書および請願書を提出した。こうした市民の運動の結果、二〇一八年三月一日、高台に新たな県立高田病院が完成し、病床数六〇床、常勤医師七人、診療科八科で再建を果たした。

押しつけの「自治体合併」に抗して、市民とともに自立を守る

「平成の大合併」は、経団連の要求する道州制導入をにらんだ自治体再編を進めるとともに、国による地方交付税をはじめとする財政支出を削減することを目的に、一九九九年から政府主導で本格的に推進された。岩手県内では、二〇〇〇年四月の「地方分権一括法」の施行後、同年五月に県が「岩手県広域行政推進指針」を公表し県内の合併を促進した。その結果、県内の多くの自治体で合併が急速に進められた。

気仙地区では、国の動きに先駆けて、一九八五年に大船渡市商工会議所内に「気仙二市二町合併を考える特別委員会」がつくられ、その後、大船渡市議会は同年一二月に「広域合併調査会」を設置し、大船渡市に対して気仙広域の合併推進が望ましいとの調査結果を報告した。その後、大船渡市と三陸町で、行政、議会それぞれに合併に向けた調査検討組織が設けられ、二〇〇一年六月に三陸町議会と大船渡市議会が、それぞれ早期合併を促進する旨の報告を行った。そして二〇〇一年一一月には、県内の先駆けとして大船渡市が三陸町を編入するかたちで合併にいたった。

高田市職労は、地方交付税の削減等による自治体財政悪化のために、二〇〇五年から県内で唯一給与の独自削減を受け入れてきた。削減にあたっては、「①職員の人件費を削減することによって生まれる財源は、市民のくらし・営業を守る事業に向けること　②厳しい財政状況のもとでも、自治体の自律（自立）のために努力するとともに、自治体本来の業務である福祉や教育、住民安全の分野は充実をめざすこと　③職員の賃金・労働条件は、労使対等の立場による労使合意の原則に基づき、誠意をもって交渉すること」を市長と合意のうえ、二〇〇五年に二％、二〇〇六年・二〇〇七年は四％、二〇〇八年・二〇〇九年は三％の削減を

受け入れてきた。同時に高田市職労は、自治体労働組合として住民本位の自治体のあり方を探求する立場から、自治体の財政分析に取り組み、市民に対しても自治体合併について学ぶ機会を積極的に提供するなどの活動をしてきた。

合併新法は、市町村議会で合併協議会の設置が議決されれば、合併へと動き出す仕組みになっていた。当時の中里市政は「当面自立」の立場を明確にしていたが、議会内の勢力分布では野党が多数であり、合併をめぐる情勢は予断を許さない状況が続いた。

高田市職労は二〇〇四年九月に、岩手大学の井上博夫氏（地方財政学）を招き、職員を対象に「本市の財政分析学習会」を開催するとともに、一一月には京都大学の岡田知弘氏を招き、「自治体の自律を考える講演会」を開催した。講演会には、市内の商工団体をはじめ各種住民団体や市議会議員、市民にも広く参加を呼びかけた。また、翌二月には、自治労連の地方自治研究機構を招き、財政分析の学習会を開催した。

合併のための手続きの実質的な期限である二〇〇九年が近づき、合併推進勢力の動きが活発になった。合併協議会設置を求める有志が直接請求署名活動を行い、二〇〇七年七月に五人の市民が合併協議会の設置請求書を市長あてに提出した。市は六月から七月にかけて合併をテーマにした市政懇談会を開催した。

地元メディアなどからは、連日のように強い合併必要論が市民に流された。市民は、できるならば合併したくないという声が多数だったが、連日のように流される地元メディアからの合併必要論により、「合併しなくてもだいじょうぶなのだろうか」という不安を抱いていた。

高田市職労は、住民本位の市政を確立する立場から、「合併で自治体や地域はどうなるか」「そもそも合併しなければ市はつぶれてしまうのか」という根本問題について、市民に正しい情報を提供し、市民自身が判断できるために取り組んだ。

二〇〇八年二月に、再度京都大学の岡田氏を招き「自治体のあり方と自立を考える講演会」を、また同年一二月には岩手大学の井上氏を招き、「行財政分析講演会」を開催した。会場となった市民会館大会議室は詰めかけた市民でいっぱいとなり、講師の話に真剣に耳を傾けた。井上氏は、本市が合併しなくても自立していけることを具体的な資料にもとづき説明し、参加した市民からは「合併しなくてもいいことがわかって安心した」「とてもいい資料をいただいた」など高田市職労への感謝の声が寄せられた。

市長は二〇〇八年一〇月二七日に開かれた臨時市議会に、合併協議会設置案を「反対意見」をつけて提案し、採決の結果、一〇対九で合併協議会設置は否決され、これによって陸前高田市の自立が守られた。

高田市職労が参加する岩手自治労連は、「職場を基礎に、住民のために、住民とともに」というスローガンを掲げている。この立場で歩んできた職員が、未曽有の災害からの復興にあたっても、住民が主役の立場で復興に力を尽くしてきたことは偶然ではない。

陸前高田市は小さな自治体だけに、市役所と市民の距離が近く、市役所内部の情報共有や意思決定も早い。もし、行政と住民の関係が希薄だったら、また、合併して大きな都市の周辺部にすぎなかったら、これまでの復興はできなかったと感じている。

商業者の再建に深くかかわった商業コンサルタントが、「被災地のなかでおそらくこれだけ商業者が主体的にかかわった地域はないだろう」と話していたが、それを意識し大切にしてきた私たちにとっては、最大の褒め言葉だととらえている。

おわりに

三陸沿岸道路の効果もあり、中心市街地には沿岸部の他自治体からも多くの人が訪れている。まちなか広場では、頻繁に賑わいづくりのイベントが行われ、川原川公園には、保育所の子どもたちをはじめ、散策を楽しむ人の姿も多い。土地区画整理事業によって整備されたエリアには、当面利用予定のない土地が残されているが、中心部の核となる部分については、居心地のよい空間ができてきた。

市は持続可能なまちづくりのために、交流人口の拡大を重要施策に位置づけているが、震災で犠牲になられた方々を追悼・鎮魂し、震災の事実を後世に伝承することを目的に整備された高田松原津波復興祈念公園には、平日でも修学旅行など連日多くの人が訪れている。市街地付近に整備された高田松原運動公園では、年間を通じてさまざまなスポーツイベントや合宿が取り組まれており、市は、持続可能なまちづくりのために交流人口の拡大にとって大切な役割を果たしている。震災後の支援をきっかけに、ワタミグループが農業テーマパークに取り組み、新たな産業として位置づけたピーカンナッツ産業振興施設の眼下にはピーカンナッツ畑が広がっている。半径一キロメートルの範囲のなかにさまざまな施設が集まり、コンパクトなエリアに魅力が詰まったまちとなった。

二〇一八年に、新しいまちのかたちができてきた際に、「まちびらきまつり」を開催したが、そのときに、前出の中井検裕氏から次のような祝辞をいただいた。そのなかに、陸前高田市の復興の特徴と言える言葉があったので紹介する。

陸前高田は岩手県下では最大の被災地でありました。したがいまして、その復興計画にも多くの困難が伴いました。しかし、それらを一つ一つ乗り越え、今日に至りましたことには二つの大きな力の助けがあったからのように思います。

一つは技術の力です。市街地がほぼ壊滅状態となった陸前高田では、防潮堤の建設、高台の造成、市街地の盛り土、道路などインフラの建設といった大規模な土木やインフラ構築の技術が必要とされました。しかし、ここでいう技術の力はそれだけではありません。震災の直後にさまざまな民間企業から提案いただいた交通、エネルギーなどの新技術、さらには農業の復興、新たな産業おこしにつながる技術、健康・福祉を支える技術など、もちろん復興計画ですべてが取り入れられたわけではありませんが、陸前高田の復興計画は現時点での日本の技術力の集大成と言っても過言ではありません。陸前高田で試されたこうした復興の技術の経験は、この数か月だけでも西日本豪雨災害、台風二一号、そして北海道地震と災害が続く我が国において、そして世界に目を向ければ毎日のようにどこかで発生している災害からの復興に日本発信の防災・減災まちづくり技術として必ずや役に立つものと信ずるところであります。

そして技術の力と並ぶもう一つの力は、人間の力、人間力であります。なかなか人間力を一言で説明するのは難しいのですが、困難にあっても心を折らず知恵と工夫に希望を見出す力、自分の考えを発信するとともに他者の多様な意見にも耳を傾ける他者へのリスペクトを前提としたコミュニケーションの力、そして最後までやり遂げようとする意志の力などをあわせたものをここでは人間力と呼びたいと思います。どのような計画も実行するのは人間のすることであり、その実現は人間力にかかっています。陸前高田の復興にあたっては、技術の力もさることながら、この人間力が大きな力を果たしていることは疑うまでもありません。本日、一区切りを迎えたこの復興は、市民の皆さん、復興計画の実現に直接携わられている市役所、県をはじめとする行政や民間企業の皆さん、そして陸前高田を有形無形で支援、応援していただいているすべての皆さんの人間力の上にできたものであり、復興推進委員長として関係の皆さんに深く敬意を表したいと思います。

陸前高田市の復興は、「ゼロからのまちづくり」と言われる。何もかも失くしたまちを、新たにつくってきたという点では、たしかに「ゼロから」は間違いではない。同時に、復興を進める行政と、それを支えてきた市民とのつながりは、実は震災前から脈々と培われてきたことも事実である。

震災から一〇年を迎えて、いよいよこれからというときにコロナ禍となり、被災事業者が再び苦しんでいる。戸羽前市長は、これまでがんばってきた被災者が、コロナで挫けることがあっては絶対ならないと、各分野で県内に先駆けた市独自の支援策を講じてきた。自らも震災で家族を失いながらも、この一二年間、復興の先頭に立ってきた前市長だったが、今年二月に行われた市長選挙では、四〇年間地元を離れていた農林水産省出身の新人が市長に選ばれた。選挙では、戸羽前市長が、市民生活が厳しくなっているもとで具体的な生活支援を掲げたのに対して、新人候補は、現職の多選の弊害とともに、一〇〇〇人の雇用創出、大学誘致、第一次産業の所得倍増など大胆な公約を掲げたことで、多数の市民が期待感を抱いたのだろう。それだけ復興完了にともなう地域経済への影響や、歯止めのかからない人口減少など、市民の抱える閉塞感や将来に対する不安感が大きいことの現れだと言える。

これまで市民と共に、市民の協力を得ながら全力でがんばってきた陸前高田市の復興、その真価は、まさにこれからのまちづくりにかかっている。被災事業者の再建が一段落した現在、持続可能な魅力あるまちをつくっていくためには、新たな事業所の誘致や土地の利活用推進など、これまで以上の困難が予想されるが、市民性を培ってきた陸前高田市の歴史を土台に、引きつづき努力していきたい。

第2章 陸前高田の地域形成史と震災復興の地域構造

岡田知弘

はじめに

東日本大震災から一二年が経過した。その間に新型コロナウイルス感染症が広がり、現地調査は困難を極めたが、それでもほぼ毎年、陸前高田を訪問調査してきた。実は、陸前高田には、震災前の二〇〇〇年代初頭から複数回にわたって訪れ、まちづくりや市町村合併問題について講演し、津波で流出する前の高田松原を陸前高田市職員の阿部勝さんに案内してもらったり、元の市役所で中里長門元市長、市議会議員の皆さんや若い市の職員の皆さんと懇談、交流したこともある。かつての陸前高田駅や駅前商店街の雰囲気も、うっすらと記憶に残っており、その意味では東日本大震災前から今日にいたる陸前高田の街の大きな変化を見てきたとも言える。

ただし、復興事業による街の変貌が激しいことに加え、陸前高田の歴史的形成過程と被災や復興の現状を把握するためには、現在の行政単位である「陸前高田市」（以下、行政単位を強調する際には「 」で表記する）に焦点をあてざるをえなかった。それは、二〇一三年に陸前高田市内で開催した「陸前高田フォーラム」での報告や、それを文章化した岡田［二〇一九］に見られる方法である。

だが、被災一一年を経て、街のかたちが固まり、見えてきた時点において、はたしてこれまでと同様、基礎自治体としての「陸前高田市」という行政領域を地域の範囲として固定して観察する方法でいいのかという大きな疑問が生まれてきた。というのも、陸前高田に何度も通うなかで、大規模な被害を受けた中心部での大規模復興事業もあれば、高い防潮堤に囲まれてしまった海岸集落もある。また、中心部から遠く離れた中山間地域も存在する。それぞれの地域に足を踏み入れ、住民の声を聞くうちに、陸前高田市内におけるより狭い地域単位での被災と再建への営みを、被災前からそこに住む人たちと新しく移住してきた人たちとの交差も含めて、複合的にとらえる必要があるという思いを強くしてきたのである。

もともと「陸前高田市」は、行政的には一九五〇年代の「昭和の大合併」のときにできた基礎自治体である。歴史的な視点から見る場合、いきなり集落の単位ではなく、その合併の基礎となる「明治の合併」の際の町村の広がりを住民の生活領域とし、そこから被災と復興の問題をとらえ返してみたいという問題意識である。

ここで、著者の拠って立つ地域経済学の枠組みについて、述べておきたい。そうすることで、生活領域としての地域、基礎自治体としての地域、そして岩手県のような広域自治体の地域、さらに一国やそれを越える国際的な広がりとの関係がより明瞭になると考えるからである。大規模災害における被害の地域構造分析には、被害が固有の地域性を帯びるために、とくにこの観点が必要であり、それが各自治体レベルや国レベルでの復旧・復興政策、さらに被災者の生活再建のあり方にも直結することになる［岡田　二〇一七］。

そもそも「地域」とは何であろうか。人間の生活（暮らし）の維持という根本的視点から人類史をとらえるならば、地域とは、何よりも、いずれの時代においても特定の自然条件を基礎にした「人間の生活の領域」であると言える［岡田 二〇二〇］。それは国家や自治体が成立する前から、人間が自然にはたらきかけて生存するための経済活動（生産から加工、消費、廃棄にいたる活動）を展開してきた場であり、人間が歩いて暮らせる範囲でもある。現代においても、後期高齢者の一日の行動範囲は半径五〇〇メートル圏と言われているが、超高齢化が進んでいる地域では、その範囲はもっと狭くなっていると考えられる。

ただし、人間は生活領域にとどまって自給生活をするなかで、やがて貨幣を発明し、交通手段を改良することによって経済活動の領域を広げていく。そして、資本主義社会に入ると資本を発明し、国内を統合して「国民経済」をつくり、さらに国際貿易も展開するようになる。その主役は、土地所有を凌駕した資本であり、ここに狭い「人間の生活領域」からの「資本の経済活動の領域」の分離が進行する。日本では、一五〇年あまり前の明治維新期が、その時代に相当する。さらに資本の蓄積が進み、おおよそ三〇～四〇年前に、前述したようなグローバル資本主義の時代に入る。東日本大震災は、この時代に起きた大災害であった。

また、右の「分離」は、グローバル資本主義の段階において「対立」へと転化していく。つまり、経済のグローバル化によって、資本が、自ら生まれ育った地域、あるいは国を捨てて、海外へ出ていくことで、当該地域の失業率が高まり、産業空洞化が広がる。すなわち、究極の空間的な意味での「労働疎外」が現象してくるわけである。このような時代において、それぞれの「生活領域としての地域」を維持するのは、地域に根ざす中小企業、農家、協同組合、非営利組織、そして地方自治体という地域内再投資力をつくる経済主体ということになる。本章では、復興の経済的・社会的主体についても注目し、その地域構造を明らかにしたいと思う。

一方、資本の経済活動の領域の拡大に対応して、地域は階層性を帯びるようになる。つまり、集落・街区が最も基礎的な生活領域として存在し、その上層に市町村、都道府県、さらに国、アジア等の経済圏域、そして地球規模の世界といった空間が重なっているのである。

それは、自然の階層性と酷似した構造であり、それぞれの階層ごとに、独自の運動が存在する。階層ごとに運動法則は違うものの、自然界で言えば、素粒子という最も基礎的なものの運動なしには、それぞれの階層は存在しえない。同様に、人間社会の地域的領域も、最も基礎的な単位である生活領域としての地域なしに、市町村や都道府県、日本、東アジア地域、世界という単位は存在しないし、それぞれが階層性を帯びながら同時に存在しているととらえることができる。

そこで、まず、以下では、東日本大震災被災地のなかでの陸前高田市の位置、その復興過程を、より狭域的な地域の視点からとらえるための方法論について、確認することから始めたい。

1　東日本大震災と陸前高田市の被害状況、復興過程

(1) 東日本大震災津波被災地のなかでの「陸前高田市」の位置

陸前高田市は、二〇一一年の東日本大震災において津波被害を受けた太平洋岸地域の市町村のなかでも、

最大規模の人的被害があった自治体である。陸前高田市の震災時の直接死と行方不明者の合計は一八一三人に達し、数としては宮城県石巻市の三九五七人に次ぎ、岩手県では最多の犠牲者を出した［陸前高田市 二〇一四］。市民のうち七・三％が犠牲になったことになる。図１は、津波浸水域に住んでいた人口を分母にして、そこでの犠牲者の比率を比較したものである。陸前高田市は一〇・六四％となり、岩手、宮城、福島三県の津波被災自治体のなかでも最大の数値となっている。それだけ、人的被害の程度が大きく、かつ建物被害も全壊および半壊世帯合計で五〇・一％に達し、商工会会員の二割が犠牲となり、多大な産業被害も出たのである［中井ほか編著 二〇二二］。

また、震災後の救護や復旧、復興の担い手という視点から見ると、陸前高田市の場合、市の職員やコミュニティで公的役割を担う人たちに多くの犠牲者が出たことが、その後大きな影響を与えることになった。ちなみに、犠牲者の数とそれぞれの構成員数に占める比率は、下記のとおりである。市職員一一一人（二五・一％）、消防団員五一人（六・八％）、行政区長一一人（二〇・五％）、民生委員児童委員一一人（一三・三％）。とりわけ、市職員のうち本庁職員については、約三割が犠牲になったのである［陸前高田市 二〇一四、中井ほか編著 二〇二二］。

一方、被害が大規模であっただけに、復興事業の規模の大きさが際立っていた。事業規模、予算、いずれにおいても津波被災地で最大規模であった［中井ほか編著 二〇二二］。

当然、復興事業の主体も、市の職員だけでは不足し、外部に依存せざるをえず、国や自治体からの応援職員、復興事業を受注したＵＲ（都市機構）の職員、復興事業にかかわる民間企業、ボランティア団体等の支

図１　市町村別浸水域人口当りの死者・行方不明者比率

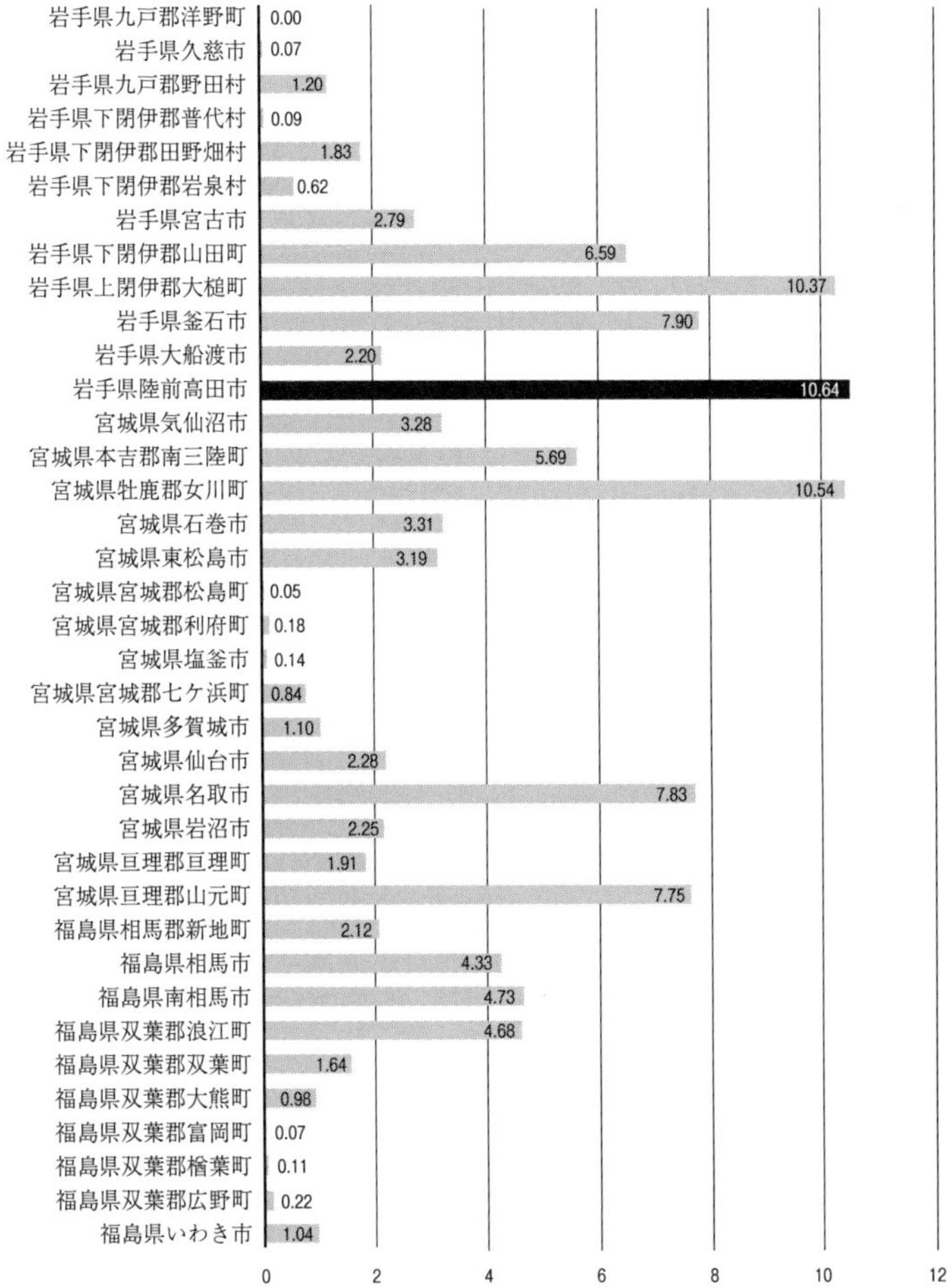
岩手県九戸郡洋野町
0.00
岩手県久慈市
0.07
岩手県九戸郡野田村
1.20
岩手県下閉伊郡普代村
0.09
岩手県下閉伊郡田野畑村
1.83
岩手県下閉伊郡岩泉村
0.62
岩手県宮古市
2.79
岩手県下閉伊郡山田町
6.59
岩手県上閉伊郡大槌町
10.37
岩手県釜石市
7.90
岩手県大船渡市
2.20
岩手県陸前高田市
10.64
宮城県気仙沼市
3.28
宮城県本吉郡南三陸町
5.69
宮城県牡鹿郡女川町
10.54
宮城県石巻市
3.31
宮城県東松島市
3.19
宮城県宮城郡松島町
0.05
宮城県宮城郡利府町
0.18
宮城県塩釜市
0.14
宮城県宮城郡七ケ浜町
0.84
宮城県多賀城市
1.10
宮城県仙台市
2.28
宮城県名取市
7.83
宮城県岩沼市
2.25
宮城県亘理郡亘理町
1.91
宮城県亘理郡山元町
7.75
福島県相馬郡新地町
2.12
福島県相馬市
4.33
福島県南相馬市
4.73
福島県双葉郡浪江町
4.68
福島県双葉郡双葉町
1.64
福島県双葉郡大熊町
0.98
福島県双葉郡富岡町
0.07
福島県双葉郡楢葉町
0.11
福島県双葉郡広野町
0.22
福島県いわき市
1.04
0
2
4
6
8
10
12

出所）　陸前高田市［2014］より作成。

援を得ることになった。のちに「チームたかた」と言われる、公民連携による復興の取り組みが、陸前高田市の復興の特徴として指摘されるようになる〔同前〕。

（2）震災後一〇年、「陸前高田市」の復興状況

政府は、震災から一〇年を経た時点で、新たに二〇二一年度から二五年度までを「第二期復興・創生期間」として、その基本方針を定めた（二〇二一年三月九日閣議決定）。そこでは、地震・津波被災地については、「復興の総仕上げの段階」と位置づけている。つまり、「ハード事業」については、「概ね完了済」だとして、「未完了の一部事業は既予算の範囲内で継続」し、あとは「心のケア、コミュニティ形成、見守り、相談等」の被災者支援等に力点をおくというものである。他方で、「原子力災害被災地域」については、「引き続き国が前面に立ち中長期的な対応が必要」とし、「当面一〇年間、本格的な復興・再生に向けた取組」を行うとした〔復興庁　二〇二二〕。

陸前高田市も、全体として見れば、嵩上げ工事や高台移転、中心市街地の形成、防潮堤などのハード事業は、計画どおり一〇年の間にほぼ完成した。ただし、市立博物館については、二一年度末時点で建物が完成していたものの、施設内の「枯らし」作業が必要なため、オープンは二二年一一月となった。

一方、被災者の生活や営業の再建については、他の地域と同様、コロナ禍が加わることにより、頼みの交流人口も期待できず、厳しい状況におかれている。ここで、表1で「人口減少率」という指標をとって、二〇一〇年と二〇年の国勢調査人口の増減率を、岩手県および宮城県の津波被災自治体と比較してみたい。

岩手県内で最も減少率が大きかったのは、大槌町の二七・九％であった。これに山田町の二三・〇％が続き、陸前高田市は二一・六％と三番目に大きな減少率であった。しかし、隣の宮城県と比較すると、被災の甚大さと比較して、岩手県の被災自治体の減少率の相対的な低さが目立つ。宮城県では、女川町で三六・〇％、南三陸町で二九・八％、そして南部の山元町で二七・九％の減少を記録しているのである。その要因の一つとして、岩手県と宮城県での復興理念の違い、つまり前者の個々の被災地の個性に即した「人間の復興」理念と、後者の「選択と集中」を前面に出した「創造的復興」理念との違いがあると考えられる［綱島ほか編二〇一六］。陸前高田市では、岩手県の施策に加え、市独自の営業・生活支援策を講じて、「人間の復興」の取り組みをしてきたことも、人口減少率の相対的低さにつながっている可能性がある［岡田　二〇一九］。

ただし、この「人口減少率」は、被災前の人口総数を基準として、その後の自然増減、社会増減を加味した値である。したがって、人口の社会移動という視点からとらえるならば、被災したのち他出した人もあれば、被災後に移住してきた人も含まれており、この数値自体が、人びとの復興状況を示す指標とは言えないことに留意しなければならない。

表1　岩手県および宮城県の被災自治体人口減少率（2010〜2020年）

岩手県計	-8.9%	宮城県計	-1.9%
大槌町	-27.9%	女川町	-36.0%
山田町	-23.0%	南三陸町	-29.8%
陸前高田市	-21.6%	山元町	-27.9%
田野畑村	-20.4%	丸森町	-20.9%

出所）総務省「国勢調査結果報告」各年版。

（3）行政領域よりも狭い「生活領域としての地域」からとらえ直す

また、これらの数値は、行政領域としての「陸前高田市」というエリアの合計

図２　陸前高田市の８町11地区の配置

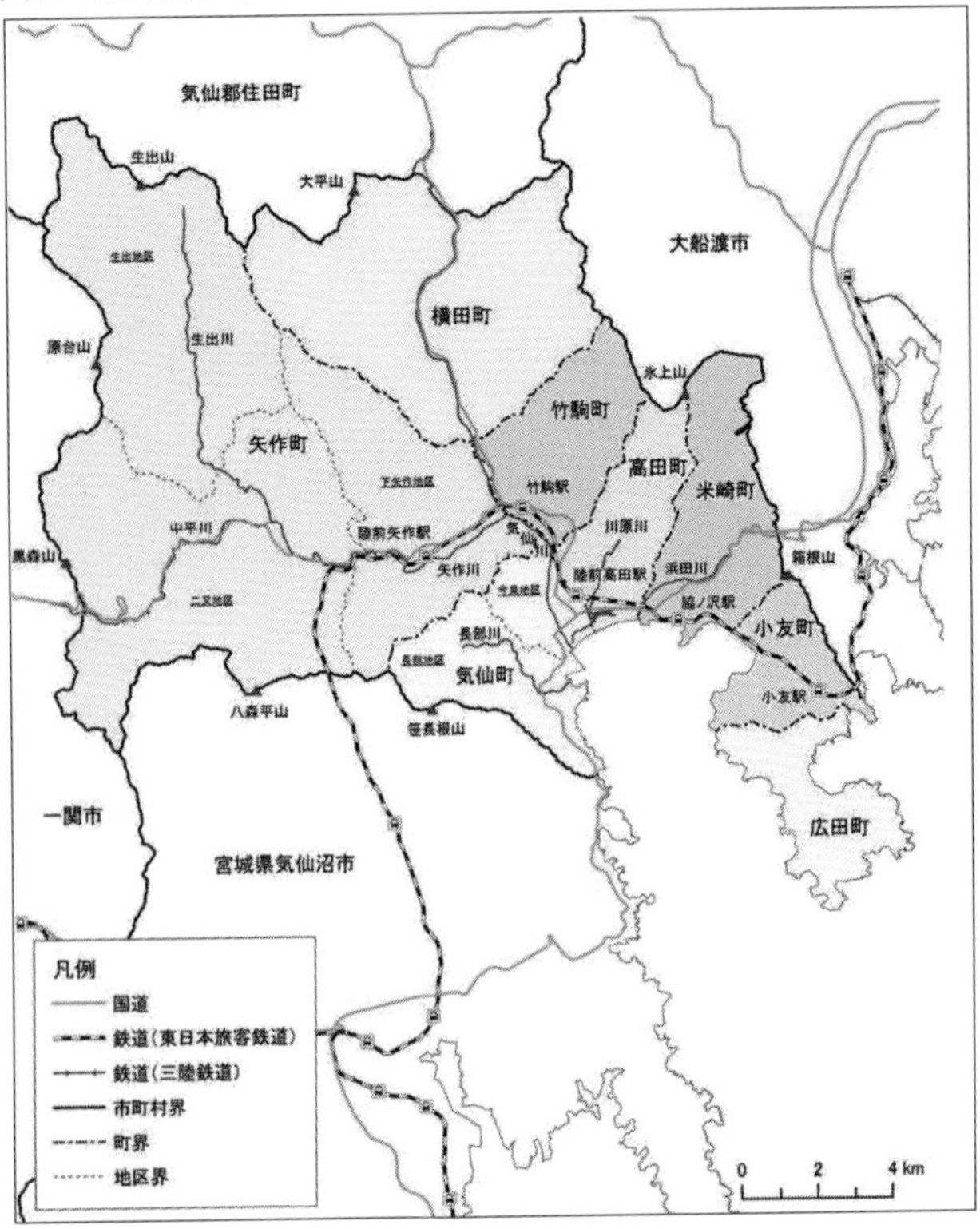

出所）　図１と同じ。

値という、もう一つの限界をもっている。陸前高田市は「平成の大合併」に与しなかったとはいえ、市域面積は二三一・九平方キロメートルに及び、地勢も山間地から海岸部まで複雑、多様である。

歴史的に見た場合、行政体としての「陸前高田市」は、「昭和の合併」によって一九五五年に高田町、気仙町、広田町、小友《おとも》村、米崎《よねさき》村、矢作《やはぎ》村、竹駒村、横田村の八町村が合併して誕生した基礎自治体である。これら八町村は、それぞれ「明治の合併」によってつくられた「旧村」であり、長らく「住民の生活領域」として存在してきた。そこでは、住民の営業と生活がほぼ一体化しており、この「明治の村」の広がりに注目して、震災からの生活と営業の回復をとらえることが重要性を帯びることになる。

実は、陸前高田市は、合併後の行政計画やコミュニティ政策において、この八町村区画を尊重するだけでなく、気仙町は今泉地区と長部《おさべ》地区の二地区に、矢作町は下矢作、二又《ふたまた》、生出《おいで》の三地区に分けて、八町一一地区を基本にした地域政策、地域づくりを行ってきた（図２）。市の復興計画でも、この地域区分が基本におかれており、統計的にも整備されている。

（4）復興の主体を地域的視点から再把握する

では、それらの地域単位での復興の主体をどう見たらいいのか。たとえば、マスコミの報道の仕方では、通常、そこで被災した人がどれだけ生活再建したかという観点から見る場合が多い。だが、実際には、被災した人が、他の地域に移動したり、逆に、他の地域の人が移り住んだりする場合もある。だとすれば、被災地域の復興の主体ということを考えるとき、属地的には、そこに従前から住んでいる被災者と移住者ということになる。

この点に留意するとともに、もう一つ重要な点はそこで復興の主体となっている企業や団体の属性である。これも、地域的な視点から見ると、地元の企業や団体と、震災後に参入してきた域外の企業・団体に区分することができる。

さらに、行政・公共セクターを見ても、復興主体としては、国や県、地方自治体に加えて、公共サービスの受託企業が存在する。陸前高田市の場合は、共立メンテナンスが包括事務委託事業を受注しているという点にも留意したい。

2 「陸前高田市」の形成過程と地域間関係

(1)「昭和の大合併」と支所の配置

陸前高田市は、一九五五年一月一日に、岩手県内一〇番目の市として発足する。当時の人口は、三万人を超えていた。もっとも、合併にいたる道は、決して平坦ではなかったし、現市域の住民の意向が一枚岩であったわけでもない。『岩手県町村合併誌』によると、国の町村合併促進法にもとづき、岩手県は県町村合併促進審議会を設置し、そこで各地方事務所を通して調査を実施し、県内各地域の「合併試案」を作成した。前述の八町村については、当初から「気仙南部地区」という地域単位での合併を推奨していた〔岩手県総務部地方課　一九五七〕。

一九五四年二月時点で、県召集の意見交換会の席上での八町村合併論に対する各町村の対応は、おおよそ次のようなものであったと、『陸前高田市史』に記載されている。「気仙町・竹駒村・小友村が賛意を表し、米崎村及び広田町からは、財政的・行政的に適正な規模であるかどうか、町村合併が果たして住民の福祉の増進につながるかどうか、などの疑問が指摘された。また、矢作村からは、村内の意向の調整がいまだに難航中である旨、横田村からは世田米地区との中間的位置からして、所属地区についての調整がなされていない旨の報告がなされた」〔陸前高田市史編纂委員会編　一九九六：五〇八〕。

ところで、この記述には、高田町の方針が書かれていない。そこで、『岩手県町村合併誌』で確認すると、「高田町は政治、経済、文化、教育等の中心であり、地理的にも中央に位置する関係から、一、気仙郡南八カ町村合併団結。二、高田町は条件なしの合併。三、旗振り役は当然高田町の使命。という三点を打ち出し」、町民も議会も納得したとされ、この合併の推進役を果たしていたと言える〔岩手県総務部地方課　一九五七：五七〇〕。これに対して、気仙町では、当初、県試案の八町村合併は、あまりにも規模が大きすぎるという考え方が大勢を占めたが、最大の懸念材料であった気仙町有財産の問題については財産区の設定によって払拭できることとなり合併賛成に転じた。最も反対の声が強かった矢作村でも、最大の問題は村有財産であったが、これも財産区の設定が可能ということで問題が解決し、さらに青年団を中心に将来の発展を期待した合併推進運動もあって、合併案を受け入れることになったという〔同：五七一、五七七〕。

合併協議のなかで、八町村はうち揃って市制施行を岩手県に対して陳情する。そこでは、「近時、北上地域開発特定地域の一環として政府の指定を受けたのみならず」、当地方が「都市計画法により主務大臣よりの指定に基づき、都市計画事業施行の第一歩を踏み出すことと」なったと述べられていた〔陸前高田市史編纂委員会編　一九九六〕。言わば、地域開発に向けた成長のための同盟がつくられたと言ってよいだろう。なお、市の名称については、当初、「三陸市」とする案が有力であったが、結局、「陸前高田市」という名称に落ち着く。これは、「高田町の委員を中心に強い働きかけがあったとも言われている」と『市史』には記されている〔同：五二六〕。

なお、合併当初は、合併協定書にもとづいて、本庁と七つの支所がおかれた。だが、他の自治体と同様、発足したばかりの「陸前高田市」も、中学校建設費が重しとなって財政破綻を起こし、一九五六年に財政再建団体に指定されることになる〔同：五五五〕。この財政再建の過程で、新市は市職員の二一名の人員整理と本庁以外の支所を三支所にする行政組織の改革を行う〔同：五五六〕。

一方、市は『広報陸前高田』を一九五五年一月一五日号から月一回発行して、市民意識を高める広報活動を展開していく。同『広報』には、新市の行政施策の内容や人事のお知らせと並んで、合併関係町村の沿革や旧八町村ごとの「市内伝説めぐり」の連載記事が毎号掲載されており、新市が市民の一体感の醸成に努めていたことがわかる（本書、第5章参照）。また、一九五八年一一月一一日には、高田町内に新設された鉄筋コンクリート三階建ての新市役所の落成式が行われた。この建物が、五三年後に津波の被害を受けるとは誰も想像しなかっただろう。

(2) チリ地震津波

新市役所が落成して、一年半後の一九六〇年五月二四日、三陸海岸をチリ地震津波が襲う。このとき、陸前高田市内では、八人が死亡し、全壊・流出世帯は一五五世帯、浸水世帯数は一四一四世帯と、全世帯の四分の一近くに達した。被災地域は、市内の高田町、気仙町、小友町、米崎町であり、船舶の流出や農地の浸水被害もあった。市はすぐに仮設住宅を建設、その後、災害公営住宅を建設している〔陸前高田市史編纂委員

会編　一九九六〕。

このチリ地震津波ののち、広田湾沿岸には津波高四メートルに余裕一メートルを加えた防潮堤がつくられ、それに沿って国道四五号のバイパスも通り、かつては津波の危険があるため居住してはならない土地だと伝承されていた海抜五メートル以下の低地に市街地が形成されていった。このことが、東日本大震災において陸前高田市街地での津波被害を大きくしたと指摘されている〔中井ほか編著　二〇二二〕。

3　被災と復興の地域構造

（1）明治三陸津波と東日本大震災の犠牲者数の地域別比較

本節では、被災と復興の地域構造の歴史的特徴を明らかにしてみたい。まず、東日本大震災の津波被害の地域性を、一八九六年六月一五日に発災した明治三陸津波の被害分布と比較するために、表2を作成してみた。このときの全国の死者・行方不明者数合計は二万二〇〇〇人近くであり、東日本大震災の犠牲者数一万八〇〇〇人あまりを超えた。被害が大きかった岩手県の五市町を比べると（いずれも現市域で換算）、

表2　東日本大震災と明治三陸津波の地域別犠牲者（死者と不明者）数

	東日本大震災	明治三陸津波
宮古市	512	3,071
大槌町	1,236	600
釜石市	1,040	6,477
大船渡市	419	3,174
陸前高田市	1,771	817
矢作町	27	0
横田町	16	0
竹駒町	47	0
気仙町	259	42
高田町	1,165	22
米崎町	112	25
小友町	62	210
広田町	58	518

出所）陸前高田市［2014］。

宮古市、釜石市、大船渡市では明治三陸津波の被害のほうが大幅に大きく、逆に、陸前高田市と大槌町では東日本大震災の津波被害のほうが二倍以上多かったことがわかる。チリ地震津波の際も同様であるが、直近に大きな地震・津波災害があった場合と、そうでない場合とでは、事前の防災意識は大きく異なっていたと推測される。そのことも、東日本大震災時に、陸前高田市や大槌町における被害の大きさをもたらした一要因であると考えられる。

同様の傾向は、陸前高田市内の地域別被害状況にも表れている。表2の下段部を見ると、明治三陸津波の激甚被災地であった小友町と広田町では、東日本大震災の犠牲者はかなり少ないのに対して、明治三陸津波の際には犠牲者が少なかった高田町、気仙町、米崎町で多数の犠牲者が出ている。しかも、この三町で陸前高田市内の犠牲者の八七％も占めていたのである。また、明治三陸津波の際には犠牲者がいなかった竹駒町、矢作町、横田町といった内陸の中山間地域でも犠牲者が出ていることに注目したい。もとより、通勤、通院、買物等で市街地に出ていて被災した人も多い。石木幹人医師によれば、津波災害による家族や知人の死は、内陸部集落の住民にも心の傷として長く残っており、被災の衝撃はこの地にも及んでいると言える［石木 二〇一九］。

ここで、図3にもとづいて、東日本大震災時の津波浸水域を見ると、市役所や市街地があった高田町では一五メートルを超える津波が押し寄せ、さらに一〇メートルを超える津波が気仙川を遡上して竹駒町や矢作町に押し出していたことがわかる。ところが、図4の明治三陸津波直後にあたる一九一三（大正二）年の地形図を見ると、海岸部の高田松原の背後地は水田や低湿地となっており、高田の市街地は山裾に位置し、三

図３　東日本大震災の津波浸水域と津波高

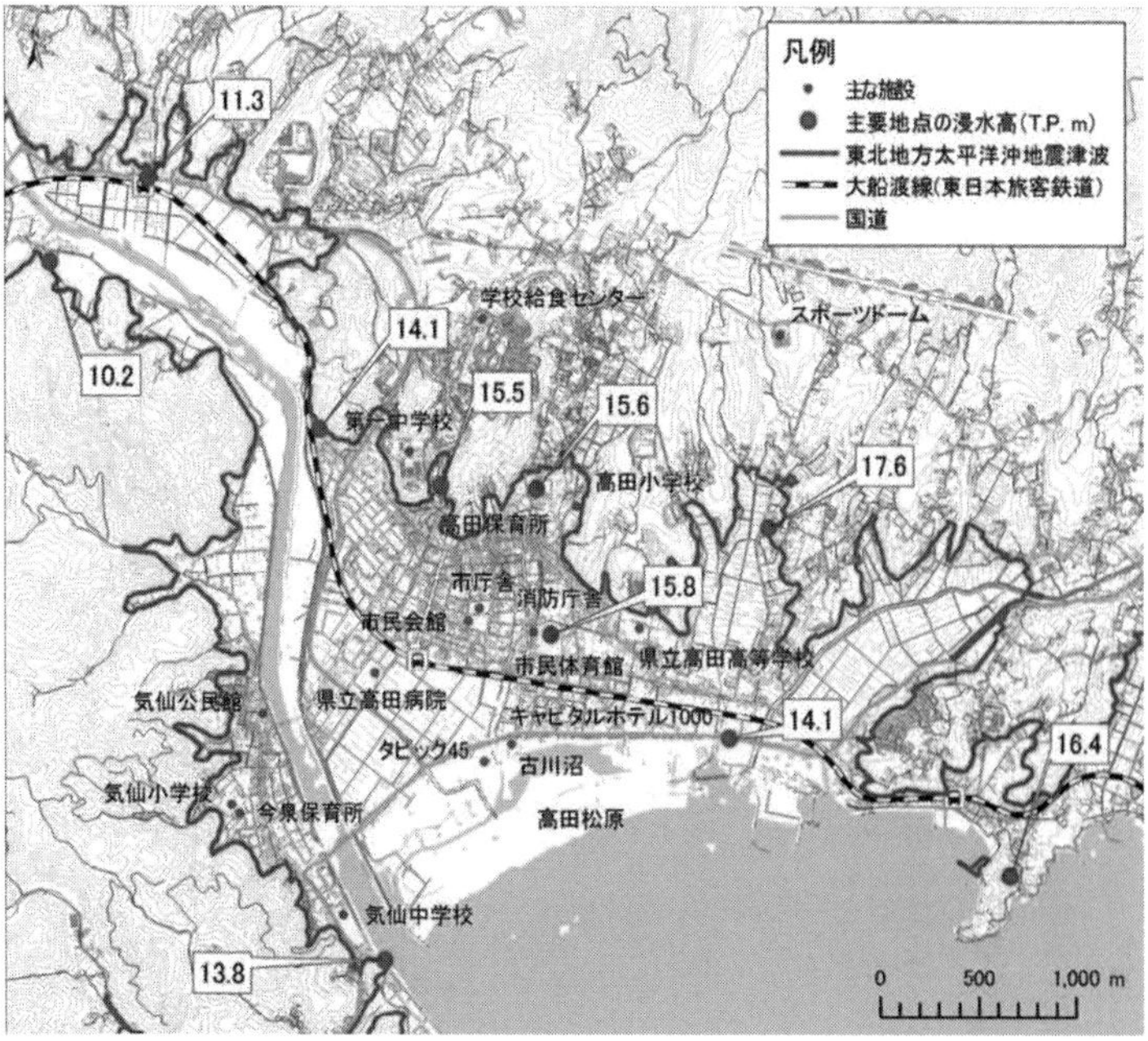

注）白地の範囲は津波による灌水部。
出所）図１と同じ。

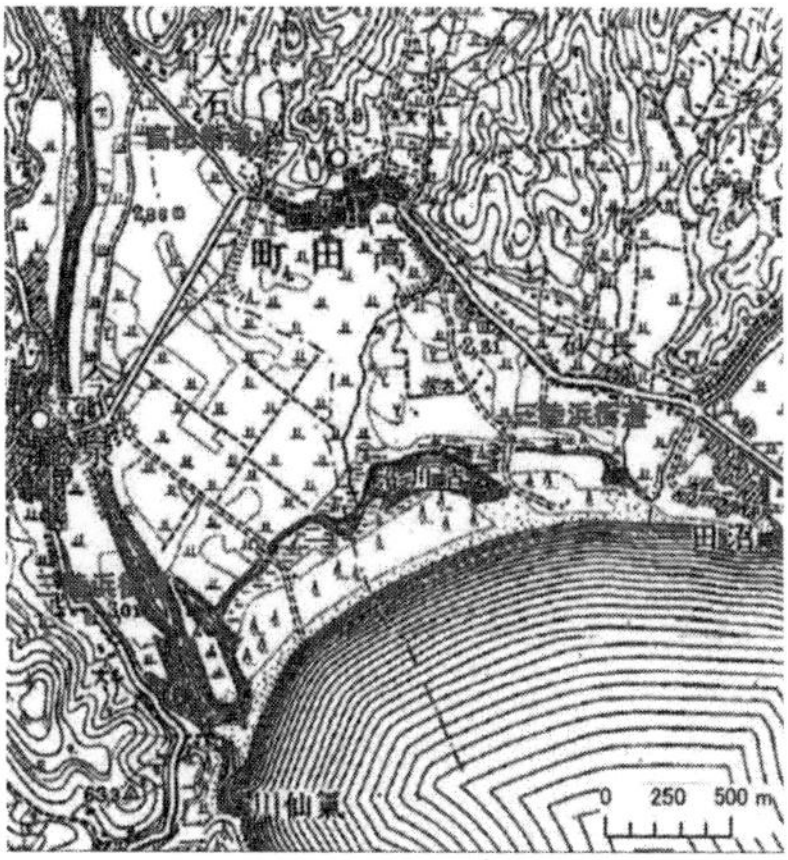

図４　大正２（1913）年の陸前高田地内地形図

出所）図１と同じ。

陸浜街道は迂回して走っていたことが確認できる。

明治三陸津波ののち、岩手県内では現宮古市や大船渡市域において、集落の高台移転が行われ、津波に対する防災対策や防災意識が高まった。これに対して、現陸前高田市内では、明治三陸津波の被害はそれほど大きくなかった。むしろ前述したように、一九六〇年のチリ地震津波のあとに高さ五・五メートルの防潮堤ができ、低地の農地が市街地化し、市役所をはじめとする事業所や住宅が集中していったことが、陸前高田市における東日本大震災の被害を大きくしたと言っていいであろう［阿部　二〇一九］。

（2）市内地区別被災状況

次に、表3によって、東日本大震災時の陸前高田市内の旧町別被災状況を確認してみたい。同表からは、第一に高田町および気仙町に津波建物被害と人的被害が集中しており、犠牲者のうち八割を占めていることがわかる。第二に、犠牲者の対人口比率も高田町で一五・四％と最も高くなっている。実に六〜七人に一人が犠牲となっていることになる。高田町には市役所をはじめ行政・経済・教育・医療機能が集中しており、昼間の災害だっただけに、他町村や市内他地区から通ってくる人たちの犠牲も多かったと想像される。

また、より詳細に市内一一地区別の被災状況を整理するならば、以下のようになる。

- 横田、生出（矢作町）、二又（同上）　内陸部のためほとんど被災せず
- 長部（気仙町）、米崎、小友、広田　沿岸部かつ漁業集落で被災
- 竹駒、下矢作（矢作町）　内陸部だが、気仙川を遡上した津波で相当の被災

表３　陸前高田市内旧町別被害状況

	住宅の世帯当たり被災率		被災前人口(A)		犠牲者数(B)〈関連死含む〉		犠牲者比率
	津波被害率	地震被害率	2011年2月末	構成比	2011年6月末	構成比	(B/A)
陸前高田市	50.4	49.2	24,246	100.0%	1,757	100.0%	7.2%
矢作町	11.4	79.0	1,793	7.4%	27	1.5%	1.5%
横田町	0.0	89.7	1,405	5.8%	16	0.9%	1.1%
竹駒町	18.9	75.7	1,291	5.3%	47	2.7%	3.6%
気仙町	81.6	21.3	3,480	14.4%	260	14.8%	7.5%
高田町	73.2	30.5	7,601	31.3%	1,173	66.8%	15.4%
米崎町	35.6	64.5	2,902	12.0%	113	6.4%	3.9%
小友町	40.9	55.7	2,025	8.4%	62	3.5%	3.1%
広田町	32.6	64.8	3,749	15.5%	59	3.4%	1.6%

出所）陸前高田市［2014］。

•高田、今泉（気仙町）人口および事業所が集中、人的物的被害の大部分を占める

（3）復興事業の地域性

以上の被害状況の地域性は、当然、復興事業の地域性につながる。市が、五回の委員会審議を経て二〇一一年一二月に策定した「陸前高田市震災復興計画」では、地域別の基本方針として、以下のような内容が、重点目標として盛り込まれた（傍線は筆者）。

•高田地区を中心とする新しい市街地は、東日本大震災の津波による浸水を免れるよう高さを確保し、低地部のかさ上げ等を行ったうえで、公共・公益施設、商業ゾーン、住宅街を配置、再開発します。

•今泉地区は、東日本大震災の津波による浸水を免れるよう高さを確保し、低地部のかさ上げ、また西側丘陵部の開発により、歴史的な建物等の復元に配慮しながら歴史を受け継ぐ新しいまちを再生します。

・下矢作地区、竹駒地区は、地元意向に対応した現位置での住宅再建を促進するとともに、長部地区、米崎地区、小友地区、広田地区は、漁家の生産活動等に配慮しながら、高台移転等を計画します。
・学校、病院、消防署、文化施設、市役所等の公共施設は、施設の利便性や災害時における避難、機能の保全等を考慮し、高台や新市街地への配置を検討します。
・公共交通環境については、道の駅、ＪＲ駅、バスターミナル、学校、病院、商業施設等への利便性や快適性に配慮し、市域内の新しい交通環境や広域ネットワークの構築を図ります。
・高台等の住宅開発地域は、文化財、地形や自然景観に配慮するとともに、エコタウンとして開発します。
・海岸地域の低地部は、防災性や安全性、景観等に配慮し、産業用地、公園、緑地帯等の利用を基本に、公有地化を促進します。

なお、生出、二又、横田の三地区については、物的被害がなかったので、計画ではふれられていない。いずれにしろ、甚大な被害を受けた高田町、気仙町今泉では、市街地のあった低地部の大規模嵩上げ工事と住宅の高台移転を行い、とくに前者において中心市街地を形成することが復興事業の大きな柱の一つとして位置づけられた。また津波被害を受けた海岸部の長部、米崎、小友、広田の四地区では、巨大防潮堤工事と住宅の高台移転事業を行うことが主要事業となったのである。

（4）復興事業の特質

陸前高田市の復興事業の特徴については、第1章の阿部勝論文を参照願いたいが、筆者は大きく次の四点に注目している［阿部　二〇一九、中井ほか編著　二〇二二］。

第一に、東日本大震災被災地のなかでも最大級の復興事業規模であったことである。これは、市単独では人的にも、財政的にも不可能な規模であった。したがって、事業主体としては国、県、そして官民連携事業の相手役となったUR、それらと工事契約を結ぶ清水建設等、市外の事業主体が否応なく関与することになった。

第二に、陸前高田市の被害の甚大さは、国内外に報道もされたので、直接的な復興事業以外でも、内外から多様な団体、企業、非営利法人、大学、研究機関、個人が、復興過程にかかわるとともに、イオン、ワタミや共立メンテナンスといった外部資本が積極的な投資を展開した。

第三に、他の被災自治体と比較するならば、陸前高田市は復興事業の「民間への丸投げ」を行わなかった点が特筆される。具体的には、市職員が国や県、URの現地メンバーと協力しながら、そこに商工会会員などの地元事業者も入れた「チームたかた」をつくることで、被災者の意向に即した市独自の復興理念と復興方針の具体化をはかる方法にこだわった［中井ほか編著　二〇二二］。

第四に、その理念や方針にもとづいて、時間との闘いのなかで可能なかぎり被災者である住民の声を聴いて、前出の一一区のコミュニティ単位での合意づくりを行い、その具体化をはかったことである。

もとより、これらの方針が、その後、すべて具体化し、完全なかたちで成果を生み出したかどうかは、現時点では判断できないところがある。今後の長期にわたる検証が必要であることは言うまでもないが、以下では、地区別の人口動態という視点から、震災からほぼ一〇年が経過した陸前高田市内の地域別復興状況について、概観してみたい。

(5) 長期の人口動態から見た地区別特徴

表4は、市内の八地区別に、一八八九年の「明治の大合併」を起点に、東日本大震災後一〇年を経た二〇二一年三月末までの長期にわたる人口動態を示したものである。本表からは、次の事実が浮かび上がる。

第一に「明治の大合併」時において、最も人口が多かったのは、大肝煎りの吉田家があった小泉地区を擁する気仙町の四七二二人であった。これに経済・行政機能の中心となる高田町の四五一〇人、山林と鉱山のあった矢作町の四〇四一人が続いていた。横田、米崎、小友、広田各町はともに二〇〇〇人台で、竹駒町はその約半分の人口であった。現在の陸前高田市域で換算した総人口は二万四八〇八人であった。

第二に、その後の陸前高田市域の人口趨勢を見ると、戦後一九五五年の市制発足半年前(五四年六月)の総人口は三万三五四五人へと増加した。だが、それから六〇年近くが経過した東日本大震災直前の二〇一一年二月末の人口は、二万四二四六人まで減少する。

ただし、そのなかで、地区別に見ると、一貫して増加している町が一つだけ存在していた。それは高田町である。一九六〇年のチリ地震津波のあとの防潮堤建設によって同町の市街地化が進行したことはすでに述べたが、このことを人口動態の数値でも確認することができる。他方で、逆に、一貫して減少していたのは矢作町であった。基盤産業の後退と山間部からの人口流出の結果、とくに高度経済成長期以降、半減してい

表4　陸前高田市内の地域別人口の長期変動

	明治の合併時 1889年	昭和の合併時 1954年6月末	東日本大震災直前 2011年2月末	震災10年後 2021年3月末	明治の合併～昭和の合併まで		高度成長期から3.11まで		3.11から10年後まで	
	A	B	C	D	A-B	増減率	B-C	増減率	D-C	増減率
陸前高田市	24,808	33,545	24,246	18,483	8,737	35.2%	-9,299	-27.7%	-5,763	-23.8%
矢作町	4,041	4,014	1,793	1,372	-27	-0.7%	-2,221	-55.3%	-421	-23.5%
横田町	2,667	2,937	1,405	1,235	270	10.1%	-1,532	-52.2%	-170	-12.1%
竹駒町	1,354	1,746	1,291	1,374	392	29.0%	-455	-26.1%	83	6.4%
気仙町	4,712	5,725	3,480	1,894	1,013	21.5%	-2,245	-39.2%	-1,586	-45.6%
高田町	4,510	6,664	7,601	4,826	2,154	47.8%	937	14.1%	-2,775	-36.5%
米崎町	2,210	3,645	2,902	2,923	1,435	64.9%	-743	-20.4%	21	0.7%
小友町	2,453	3,196	2,025	1,925	743	30.3%	-1,171	-36.6%	-100	-4.9%
広田町	2,861	5,618	3,749	2,934	2,757	96.4%	-1,869	-33.3%	-815	-21.7%

出所）陸前高田市史編集委員会編［1996］，陸前高田市［2014］。

た。これは同じく中山間地域にあたる横田町も同様であった。

第三に、東日本大震災前と震災後一〇年の人口動態を見ると、市全体としては五七六三人、二三・八％の減少となっている。もちろん、これは、震災時における一八〇〇人を超える犠牲者や、その後の一〇年間で亡くなった人、さらに他市町村に転出した人と、他方での新たに生まれてきた子どもや、他市町村から転入してきた人との相殺がなされた結果としての数値である。人口動態統計で言えば、人口の自然増減（出生数と死亡数の差）と社会増減（転入数と転出数の差）の集計値ということになる。

さて、市全体としては減少しているものの、地区別に見ると、興味深い事実が浮かび上がる。まず、最も被害が大きく、かつ大規模な土地区画整理事業と高台移転事業が行われた高田町と気仙町で大幅に人口を減らしていることである。とりわけ気仙町では、四五・六％の減少となっている。これは、今泉地区の住宅の高台移転を含む復興事業が、復興期間の最後になったことが響いていると考えられる。

他方、竹駒町と米崎町では微増となっている。これは、陸前高田市の場合、他の被災地と異なり、仮設商店街が自主再建を希望する事業者の手によって、これらの地域に分散してつくられ、のちに定着したことや、住宅の自主再建もこれらの地区で行われたことによると考えられる〔中井ほか編著　二〇二二〕。

また、被害が相対的に少なかった小友町、横田町では微減であり、広田半島にある広田町および山間地域の矢作町では市平均に近い二〇％台の減少率となっている。

このように、人口の増加率あるいは減少率という地区別データを見るだけでも、その背景に、震災の影響と、そこから再生していこうとするさまざまな人びとの営為を想像することができる。そのような復興に取り組む人びとやその集団、組織を、ここでは復興主体と呼ぶことにし、その存在をより具体的に示していきたい。

4　陸前高田市における復興主体の特性とその地域性

（1）人口の社会減が相対的に少ない陸前高田市

表5は、東日本大震災で大きな津波被害を受けた岩手県および宮城県の主要自治体の毎年の人口の社会増減率（一年間の社会増減数を期首の人口で除した数値である）を比較したものである。陸前高田市は、二〇一一年以前の二〇〇七年度に比較的大きな人口社会減を記録したが、その後、二〇〇九年度にかけて社会減率が低下し、震災のあった二〇一〇年度にはプラスに転じていた。

だが、震災直後の二〇一一年度には、この表に示した自治体のなかでは最も大きな五・七九%という人口社会減率を記録したのである。

注目すべきは、その後、復旧・復興事業が本格化する二〇一三〜一四年度には人口増に転じたほか、二〇一八年度以降は人口社会減率が〇・二%を下回り、他の自治体に比べるとおおむね人口社会減が少なくなっている点である。

表5　主要被災自治体の社会増減率の推移

	陸前高田市	釜石市	大船渡市	気仙沼市	石巻市
2006 年度	-0.54	-0.94	-0.81	-0.50	-0.56
2007 年度	-1.13	-0.92	-0.84	-0.91	-0.72
2008 年度	-0.53	-0.92	-0.79	-0.88	-0.47
2009 年度	-0.04	-0.78	-0.44	-0.52	-0.42
2010 年度	0.13	0.00	-0.40	-0.70	-0.23
2011 年度	-5.79	-2.39	-1.52	-3.26	-3.38
2012 年度	-0.29	-0.14	0.04	-0.57	-0.14
2013 年度	0.14	-0.48	-0.08	-0.33	-0.22
2014 年度	0.06	-0.19	-0.05	-0.41	-0.20
2015 年度	-0.09	-0.27	-0.48	-0.47	-0.20
2016 年度	-0.69	-0.32	-0.56	-0.30	-0.16
2017 年度	-0.62	-1.04	-0.73	-0.54	-0.33
2018 年度	-0.01	-0.97	-0.71	-0.54	-0.38
2019 年	-0.18	-1.11	-0.90	-0.80	-0.49
2020 年	-0.19	-0.99	-0.92	-0.68	-0.41

注）社会増減率＝1年間の社会増減数／期首の人口。
出所）2018年度までは陸前高田市作成資料。19年と20年は総務省「住民基本台帳に基づく人口，人口動態及び世帯数」各年版。

（2）市内のどの地域で人口の社会増があったのか

では、このような人口の社会減を押し止めることができる人口の社会増、つまり移住者は、市内のどの地域に集まっているのだろうか。これを明らかにするために、表6を作成してみた。

この表は、市内地区別に、東日本大震災後に転入してきた人びとの単純合計値（累積値）を示している。したがって、転出者を控除したあとの社会増減人口の純増減分ではないことに留意したい。もっとも、このような数値を示すことによって、他市町村あるいは他の市内地区から、どれだけの人が、どの地区に移動し

表6　陸前高田市内地区別転入人口（社会増）の状況

	震災直前人口（A）		震災後の社会的移動（B）		B/A
	2011年2月末	同構成比	転入人口累計	同構成比	
陸前高田市	24,246	100.0%	4,790	100.0%	19.8%
矢作町	1,793	7.4%	336	7.0%	18.7%
横田町	1,405	5.8%	392	8.2%	27.9%
竹駒町	1,291	5.3%	564	11.8%	43.7%
気仙町	3,480	14.4%	384	8.0%	11.0%
高田町	7,601	31.3%	1,424	29.7%	18.7%
米崎町	2,902	12.0%	908	19.0%	31.3%
小友町	2,025	8.4%	507	10.6%	25.0%
広田町	3,749	15.5%	611	12.8%	16.3%

注）累積値は，2010年度～2020年度までの転入人口の合計値である。
出所）陸前高田市［2014］，陸前高田市作成資料による。

てきたかを明確に把握することができよう。

この表からは、第一に、転入人口の累積値が最も多いのは高田町であり、全体の三割にあたる一四二四人に達していることがわかる。だが、第二に、震災前の人口に対する転入者数の累積値の比率を見ると、異なった姿が現れてくる。それは、先ほど指摘した竹駒町、米崎町に加え、被害が相対的に小さかった横田町、小友町での対震災前人口比率が高いという点である。とりわけ竹駒町では四三・七％、米崎では三一・三％に達しており、地域のコミュニティ、あるいは住民の視点から見るならば、地域住民の構成が大きく変化していることが想定される水準になっているのである。

（3）新たな移住者の増加と非営利活動の広がり

以上、見てきたように、東日本大震災後、陸前高田市合計の人口社会減少は続いているものの、他の津波被災自治体と比較するならば、同市では社会減率が低いうえ、転入人口が相対的に多く、減少率の大幅な拡大を抑制してきていると言える。

表７　陸前高田市内のNPO法人（2021年3月17日時点）

NPO法人の名称	所在地	設立年月日	活動分野				
			保健･医療･福祉	災害救援	まちづくり	環境保全	社会教育
陸前高田まちづくり協働センター	高田町	2006/3/15	○	○	○	○	○
あんしん生活	高田町	2011/1/25			○		
陸前高田創生ふるさと会議	横田町	2011/9/5		○	○		○
福祉フォーラム・東北	米崎町	2012/2/13	○	○	○	○	○
桜ライン 311	高田町	2012/4/17		○	○		
りくカフェ	高田町	2012/9/4	○		○		
パクト	米崎町	2012/9/24	○	○	○	○	○
総合型りくぜんたかた	高田町	2013/3/25	○	○	○	○	
まぁむたかた	竹駒町	2013/3/25	○	○	○	○	
SET	広田町	2013/6/10	○	○	○	○	○
きらりんきっず	高田町	2013/12/18	○	○	○	○	○
教育サポーターズひたかみ	竹駒町	2014/3/24			○	○	
おでかけ支援グループそよ風	竹駒町	2014/11/14	○			○	
高田松原を守る会	米崎町	2015/7/21				○	○
ウッドラック	竹駒町	2017/3/23		○	○		○
ＬＡＭＰ	高田町	2017/4/14			○		○
陸前高田市体育協会	高田町	2017/5/16			○		
高田暮舎	高田町	2017/5/25			○		
ツムグ	高田町	2021/2/8			○		

出所）陸前高田市資料から筆者が作表。

この数字の背景にある質的要因を、陸前高田市役所および民間事業所で聞き取りを重ねてきたところ、おおむね、次のようなことが明らかになった。

第一に、陸前高田市内には、震災直後から移住者が比較的多く見られた。彼ら彼女らは、震災直後の時点では、復興支援として直接市役所で働いたり、非営利組織、ボランティア団体で働いたりする人が多かったという。

第二に、復興のハード事業がほぼ終わり、緊急時のボランティアの必要性もなくなるなかで、新たに市外から移住してくる人が多くなっているという。

第三に、その受け皿となっているのは、本書第６章で紹介されているマルゴトやトナリノ等の各種非営利組織であり、その担い手は、Uターン、Iターン、Jターンという多様な形態で移住してきており、しかも若い人が多い。NPO法人について言えば、表7でも明らかなように、この一〇年の間に震災直後の災害救援目的からまちづくりを中心にした活動にシフトしてきており、その事務所も市役所のある高田町だけでなく、竹駒町、米崎町、広田町といった周辺地区にも広がりを見せている。ちなみに、旧来からの住民が、それらの団体の活動に刺激されて、まちづくり目的のNPOや非営利組織をつくる動きも出てきている。

第四に、震災直後に陸前高田市役所の臨時職員になった人たちのなかには、その後、定住して市役所で継続的に働いて、地域づくりの重要な担い手になるばかりか、結婚して、子どもを生み育てて地域社会の一員となっている人たちが出てきている。あるいは、いったん就職した市役所を辞めて、市内のベンチャー企業に転職して、そこで新たな地域づくりの仕事を始めている人もいる。いずれも、東京からの移住組である。

第五に、今泉地区に二〇二〇年一二月にオープンした発酵パーク「CAMOCY」は、岩手県中小企業家同友会の代表である田村満氏や同地にあった味噌醤油醸造業・八木澤商店の当代経営者である河野通洋氏が、「発酵」をキーワードに全国から若手起業家を募り、パン屋、お弁当と惣菜屋、クラフトビールショップ、薬剤師が手がけるチョコレート店、しみんエネルギー会社等が集う共同店舗である。建物や食器類には気仙町の木材をふんだんに使い、燃料は薪であり、市内外の多くの顧客をつかんでいる(河野通洋氏へのインタビューによる)。

これらの店主は、東京圏や大阪圏から移住した人たちであり、この施設を使って時折四〇社近くの経営者が集まり、交流会も開いている。彼らのほとんどが市外から移ってきた人たちである。実は、田村氏や河野氏らが所属している岩手県中小企業家同友会気仙支部の有志メンバーは、早くも二〇一一年一〇月に陸前高田市での中長期的な仕事の場づくりのために「なつかしい未来創造株式会社」を立ち上げて、「ソーシャルビジネス経営塾 in 陸前高田」を開塾し、全国からくる若者を対象に起業、創業支援活動をしていた。その結果、すでに二〇一五年までに四〇近くの起業家が生まれていた［岡田・秋山 二〇一六］。このような民間企業レベルでの取り組みの活発さも、重要な特徴の一つであった。

（4）陸前高田市が、内外の復興の担い手を育んできた要因

では、東日本大震災後の陸前高田市が、市内外の復興の担い手を育み、定着させてきた要因は、何であろうか。この点については、本書の第６章において、当事者の視点から詳しく書かれているので、ぜひ参照願いたいが、以下では、これまでの文献、現地調査から得た知見によって、私論を述べてみたい。

第一に、陸前高田地域が三陸海岸南部にあり、温暖な気候と自然に恵まれており、とりわけ高田町については、歴史的に進取の気性に富んだ「比較的開放的」な土地柄であったことである［岡田 二〇一九］。

第二に、陸前高田市は、東日本大震災において最大級の激甚被災地として、国内だけでなく世界から注目された点である。これによって、救援・復興支援に、外国を含む数多くの政府組織、自治体、非営利組織、企業、大学、環境団体等および個人が積極的に関与し、陸前高田でボランティアをしたり、一時的に滞在した人がかなりの数にのぼった。また、その際、マルゴトやトナリノをはじめ大都市圏に住む若者と陸前高田市をつなぐ非営利組織が恒常的に活動してきたことも重要な要素である。

第三に、市内の激甚被災地において、古いコミュニティが災害によって物理的にも社会的にも消滅し、地域のリーダーとして活躍した多くの人びとも犠牲になった。市内外での避難生活が長期化するなかで、仮設住宅や自力再建によってつくられた新しい住宅地においては、旧来からの住民と新たに市外から移住してきた住民とが、相互に助け合いながら新しいコミュニティをつくることが求められることになった。これらの新旧の住民をつなぎ、支援するボランティアや非営利組織がいくつも形成され、移住者が自然に地域に溶け込んで生活することができたことも大きな要因である。

第四に、先に紹介した、八木澤商店の河野氏をはじめとする岩手県中小企業家同友会気仙支部が中心となった起業塾や発酵パーク「CAMOCY」の設立に代表される民間団体、民間企業主体のネットワークの形成や起業支援活動が活発に展開し、そこに東京圏や大阪圏等から多くの若い人びとが集まり、移住、定着してきたことがある。

第五に、若い移住者たちに聞くと、福島第一原発事故後の東京圏等での生活に不安や疑問を感じ、河野氏らの経営理念である自然との共生、地域資源の循環に魅力を感じ、また復興に貢献できる実感を得られるとして積極的に移住した人が比較的多い［萩原・河野 二〇二二］。また、陸前高田市もそのような移住者の受け入れに、住宅やチャレンジショップなどの仕事の場の提供等、きめ細やかな支援策を講じており、これらの国内外、市内外の組織的、人的ネットワークの形成が重要な役割を果たしていると言える。

おわりに

最後に、本章の結論を述べておきたい。

まず、東日本大震災から一〇年以上経過するなかで、陸前高田市内の地域ごとの変化を見たとき、「復興の場」、「復興の主体」を再把握する必要があるのではないかということである。これは、他の被災地においても言えることである。

本章の分析からは、被災前の「土地」、生活領域としての地域に注目することの重要性があらためて明らかとなった。しかし、集団移転や個別移転がなされることにより、その「復興の場」は、物理的に以前と同じ領域であるとは限らないのである。

「復興の主体」もまた、すべて被災前から住んでいた被災者であるとは限らない。陸前高田市の竹駒地区のように転入者が人口のかなりの部分を占める地域も出てきている。また、高台移転した住宅地や個別移転した住宅地では、新しいコミュニティをつくらざるをえないという事情もある。

そうなると、地域社会を継承するのは、従前からの住民だけでなく、新たに移住してきた住民や新規立地した企業、団体の経営者や構成員も含まれることになる。それらの地域での社会的結びつきを新たにつくるきっかけになるのは、保育園・幼稚園から小中学校にいたる保育・教育組織であったり、祭りのような文化活動であったり、他者との対話であったりするのである。

問題は、東日本大震災時に被災した一人ひとりの被災者が、市外に移動した人も含めて、「人間らしい生活」

を再建し、「人間性の復興」をなしとげているかどうかという点である〔岡田 二〇一九〕。震災から一二年が経過するなかで、この点のフォローが必要不可欠となっている。避難先は広範囲に及んでいるので、それは、当該の基礎自治体だけでなく、県や国の仕事でもある。

なお、この問題は、現在、福島県の原発事故被災地・被災者において最も鋭いかたちで表れていると言える。帰還困難地域では福島第一原発事故後一二年経過しても、誰一人戻れない集落がいくつも存在し、その避難先は全国各地どころか外国にも及んでいる。半減期三〇年の放射性物質を完全に除去し、生まれ育ち、生活してきた土地に帰る見通しが立たない地域も存在する。三陸海岸地域のような地震・津波被害地とは格段に違う原発事故被災地の状況と再生の問題が重く深く横たわっているのである。

第二に、陸前高田市の場合、大規模な復興事業の結果、とくに激甚被災地であった高田町と気仙町の市街地や住宅地が大きく変貌した。住民を含めて、それをどう受けとめるかが、工事が本格化してからの大きな関心事であったと言える。これは、今後、福島県の福島第一原発事故被災地や他の大規模自然災害被災地でも、再現される可能性がある問題でもある。言わば、被災前の街と新しくつくられた街との「断絶性と連続性」を、住民の視点からどうとらえ、どのように復興の主体形成とつなげて、未来を展望できるかという問題である。

たしかに、一見すると両者には「物理的・地理的空間としての表層的断絶性」が存在していると誰しもが感じるであろう。だが、より大きく、長い歴史的な視点で見ると、広田湾とそれを囲む半島や低地、山間部という構造は変わってはいない。言わば、「深層における自然史的連続性」が存在するということである。この史実は、被災前から陸前高田市立博物館で展示され、多くの子どもたちや住民が学んできたことでもある〔熊谷　二〇一九〕。

これは陸前高田地域の土地に人類が住みはじめ人間社会の歴史を生み出す過程にも連続する。それらは遺跡や古文書をはじめとする文化財として、あるいは祭りや各種伝統行事といった無形の文化財や伝承として現代に伝わり、地域の自然史と同様、自らの住む地域社会の歴史を博物館や図書館などで知ることができる。

それ以上に、被災地において、被災者一人ひとりの心に直接関与し、被災の苦しみを和らげ、明日への生きる展望を切り開く「人間性の復興」に結びつくのは、「記憶の共有空間としての連続性」ではないかと考える。本書「聞く・語る・つなぐ『昔がたり』が生み出す力」を執筆している阿部裕美さんたちによる「陸前高田昔がたりの会」の取り組みは、高齢被災者一人ひとりの人生とまちの歴史を語り継ぐものであり、そこでは「人びとをつなぐ手段」としての聴き取り活動やそれをもとにした記録づくりが、意識的に続けられてきている。同様の地域史や被災者の自分史の掘り起こしは、トナリノのような若い世代がつくる非営利組織でも、活動の重要な要素として位置づけられている〔若興人の家　二〇二二〕。

二〇一七年に帰還困難地域が一部解除された福島県富岡町では、復興計画の一環として震災遺産の保全のための拠点形成を掲げ、二〇二一年七月に「とみおかアーカイブ・ミュージアム」が開館した。全国に分散避難している住民と何度も議論するとともに、地域の歴史を知ることができる遺産、遺品の収集、整理を福島大学と町職員からなるプロジェクトチームが共同で行い、それらが原発事故後の動きも含めて展示されている〔富岡町ほか編　二〇一七〕。あわせて、注目したいのは、今も帰還困難な地域の大字誌の編纂事業が行われ、その成果が『小良ケ浜《おらがはま》』として出版されたことである。冒頭の「刊行に寄せて」にある、小良ケ浜の佐藤光清行政区長の次の言葉が重い。

小良ケ浜行政区が今回、今までの歴史の本を作るということになったとき、私が一番頭に置いたのは、東京電力の問題で小良ケ浜行政区が自然消滅するんじゃないかということです。今回の東京電力の事故で小良ケ浜の歴史がぷつんと尻切れトンボになるのは一番寂しい。ぜひとも昔からの小良ケ浜行政区の歴史を知っている地元の皆さんに協力願って残したいと思いました。

やはり先祖が小良ケ浜で歩んできた道ですから、それを子供たちや孫たちに「小良ケ浜行政区というのはこれだけのものがあったんだ」とつないでいくために半永久的に本として残したい。本がある限りは、小良ケ浜の歴史が分かりますから［富岡町教育委員会　二〇二二］。

大規模災害によって生活の場としての地域を失うことの寂しさ、悔しさは想像を絶する。そのような喪失感のなかで、先祖から引き継いできた「歴史的空間としての連続性」をいかに学び、そして自らの生活の再建と地域の再生につないでいくかが、大規模被災地特有の問題として浮かび上がったと言える。陸前高田市や富岡町での自治体関係者や住民、非営利組織の活動を見ていると、保育から始まり、学校、図書館、博物館を含む社会教育の場における、それぞれの年齢階層による地域の歴史地理学習の重要性をあらためて確認することができる。地域の歴史から学び、仕事や生活に活かす「歴史実践」を通して、未来をつくる主体も形成されると言えよう。

文献一覧

阿部　勝「築いてきた地方自治――陸前高田市」大門正克・岡田知弘・川内淳史・河西英通・高岡裕之編『「生存」の歴史と復興の現在――３・11　分断をつなぎ直す』大月書店、二〇一九年
石木幹人「超高齢社会に必要な地域医療・介護のかたち」大門正克・岡田知弘・川内淳史・河西英通・高岡裕之編『「生存」の歴史と復興の現在――３・11　分断をつなぎ直す』大月書店、二〇一九年
岩手県総務部地方課『岩手県町村合併誌』一九五七年
岡田知弘・秋山いつき『災害の時代に立ち向かう――中小企業家と自治体の役割』自治体研究社、二〇一六年
岡田知弘「『災害の地域経済学』の構築に向けて」『地域経済学研究』第三三号、二〇一七年
――「被災地における『生存の条件』の形成・破壊・再建――地域循環型『人間の復興』の歴史的基盤」大門正克・岡田知弘・川内淳史・河西英通・高岡裕之編『「生存」の歴史と復興の現在――３・11　分断をつなぎ直す』大月書店、二〇一九年
――『地域づくりの経済学入門　増補改訂版』自治体研究社、二〇二〇年
熊谷　賢「地域の自然・文化・歴史を伝える宝を残すために――陸前高田市立博物館の取り組み」大門正克・岡田知弘・川内淳史・河西英通・高岡裕之編『「生存」の歴史と復興の現在――３・11　分断をつなぎ直す』大月書店、二〇一九年
綱島不二雄・岡田知弘・塩崎賢明・宮入興一編『東日本大震災復興の検証――どのようにして「惨事便乗型復興」を乗り越えるか』合同出版、二〇一六年
富岡町・福島大学・福島大学うつくしまふくしま未来支援センター編『ふるさとを想う　まもる　つなぐ――地域の大学と町役場の試み』二〇一七年
富岡町教育委員会『小良ケ浜』二〇二二年
中井検裕・長坂泰之・阿部勝・永山悟編著『復興・陸前高田――ゼロからのまちづくり』鹿島出版会、二〇二一年
萩原威之・河野通洋「教えて、まちのセンパイ」『やんべに』創刊号、二〇二一年
復興庁「復興の現状と今後の取組」二〇二二年
陸前高田市『広報陸前高田』第一号（一九五五年一月一五日）～第七一号（一九六〇年一二月一五日）

陸前高田市『陸前高田市東日本大震災検証報告書』二〇一四年
陸前高田市史編集委員会編『陸前高田市史』第四巻沿革編（下）、一九九六年
若興人の家『たかたる。総集編　高田の人が高田を語る』トナリノ、二〇二一年

第Ⅱ部

陸前高田で人が育ち、暮らすということ

第3章 「高田の保育」が映し出す「子どもの世界」

大門正克

はじめに

東日本大震災後、私は、たびたび陸前高田市を訪れてきた。二〇一三年の「陸前高田フォーラム」で出会った人たちのその後や、町の変化を胸に刻んでおきたかったからである。巨大な嵩上げに向かっていた陸前高田の先行きはよく見えず、毎年のように訪れては人に話を聞いた。

振り返ってみればその一〇年は、三つの「過程」が重なり、考えつづけた時間にほかならなかった。二〇一三年に「陸前高田フォーラム」の準備で陸前高田を訪れたとき、高田保育所長だった佐々木利恵子さんから「過程」という言葉を聞いた。フォーラムで東日本大震災時の保育について話してもらおうと思っていたところ、佐々木さんは、震災の記憶が市民にも保育士にも強く残っているなかで話すことはできないと固辞された。しかし、「震災前の保育のことならば」ということで話してもらうことになり、そのなかで「高田の保育は過程を大事にする」という言葉に出会った。「過程」という言葉が日常会話に出てくることは滅多にない。「保育」と「過程」が結びついたときの驚き。「過程」は歴史をたずねる際に私が最も大事にしている視点でもあった。それ以来私は、「高田の保育」をめぐって佐々木さんの言葉の含意を考えつづけてきた。

二つ目は、聞き取りから津波を免れた資料を発見し、それらを読みつづけてきた過程である。画期となったのは、二〇一九年一二月、高台にあった佐々木さんの自宅に津波の被害を免れた保育資料が残されていたことである。陸前高田で、津波の被害を免れた資料に出合えることはまずない。長年にわたり佐々木さんに話を聞いてきたことが文字資料に導いてくれたように思え、資料との出合いに感謝した。その後、私が資料を読む過程も行きつ戻りつするものであったが、そこには同時に、佐々木さんが自らの変化の「過程」を見つめ、その意味を考えてきた時間も含まれていたことに、あらためて思いいたる。そうした震災後の「過程」のなかで、とくにこの二つ目の「過程」の意味を考えることが大事だと思っている。

三つ目の「過程」は、一つ目と二つ目の「過程」と並行して目にしてきた陸前高田の町の変化である。震災や津波による喪失感と町の先行きが見えない不安感が交差するなかで、陸前高田の人びとには、大きく変貌する町との落差や諦念、逡巡などが感じられた。そうした人びとの思いと町のあり方をつなぐ道はないものか、思索を重ねてきた。

以下本章で検討するのは、佐々木さんの自宅に残されていた保育資料である。陸前高田の資料の圧倒的に多くが津波の被害を受けたことを考えれば、残された保育資料が貴重なことは言うまでもない。それではこれらの資料はどのように検討すればいいのだろうか。残された保育資料には、東日本大震災以前のものが含まれているが、これはたんに過去の「高田の保育」を映し出しているだけではない。発見した保育資料を読むと、震災後の状況とのかかわりで照らし出される保育があることに気づく。現在の問題関心だけで過去の資料を読むのではなく、現在と過去を何度も往還するなかで、貴重な保育資料から「高田の保育」の意味を考える必要がある。先に私は、長年にわたり佐々木さんに話を聞いてきたので、保育資料に出合うことができたと述べた。資料はたんなるモノではない。そこには人と人の関係が反映しているのであり、資料は人と人をつなぎ支えるものでもある。そのことについても思索を深めたく思っている。

以上をふまえ、私がここで試みるのは、重層する三つの過程とのかかわりで保育資料を検討し、「高田の保育」が映し出す「子どもの世界」について考えることである。三つの過程をめぐる私の思考は絡み合い、曲折をたどっている。その曲折も含め、本書のサブタイトルである「震災から一〇年、『記憶のまち』と『新たなまち』の交差」を検討してみたい。対象とする保育の時代は、東日本大震災をはさむ一九九〇年代から二〇一〇年代であり、本書のタイトルにあるように、「高田の保育」を通じて、「生存」の歴史をつなぐ契機を考察すること、それが本章での課題である。

陸前高田の「生存」の歴史をたどるうえで、保育の資料は限られた小さな資料、「子どもの世界」は小さな世界にとどまるように思えるかもしれない。だがこの小さな資料には地域社会全体を考える道が照らし出されているのであり、小さな資料から地域社会全体へといたるためには、保育資料をどのように読むのか、資料読解が決定的に重要な鍵を握っている。それゆえ本章では、保育資料の読解がもう一つの課題になる。

なお、ここで「高田の保育」というのは、佐々木さんがかかわった保育所の保育を主に指しており、公立の高田保育所を中心としている[1]。

1　喪失感と不安感が交差するなかで

二〇一三年に続き、二〇一五年に佐々木さんを訪ねたとき、震災後にはできなかった保育がようやくできるようになったと話していたことが印象的だった。震災で高田保育所の農園はなくなってしまったが、子どもたち一人ひとりがミニトマトの鉢植えをし、保育士がそれをサポートすることができるようになった。高田保育所の新設も決まり、以前と同じ保育が少しずつ戻ってきた。保育士の採用に一〇年間ブランクがあって五〇代が少なく、佐々木さんは保育士の世代をつなぐことをしきりに気にしていた。

そんなとき、佐々木さんから聞こえてきた言葉が耳に残った。それは「できていたことをしようね」である。震災後、佐々木さんは子どもたちに震災前にできていたことをしようねと投げかけて保育をしてきたという。「過程を大事にする」と並び、「できていたことをしようね」も、「高田の保育」を考えるうえで大事な言葉だと思えた。

佐々木さんによれば、この頃は子どもたちの三分の一は仮設住宅で暮らしており、生活が落ち着かず、大きな声を出す子どももがいること、佐々木さん自身は、巨大な嵩上げについていけず、海岸にはまだ行けない、車を走らせると変化のすさまじさに驚くと語っていた。

佐々木さんは二〇一六年三月で退職し、二〇一七年に訪ねたときには高田保育所のヘルプに入るとともに、ＮＰＯ法人の子ども支援や、妊産婦と乳幼児支援を行っていた。これらの話をしていたとき、やや唐突に東日本大震災時に今泉保育所の子どもを連れて逃げたときの話になり、子どもと一緒に逃げた場面、子どもと一昼夜をあかしたことなどを、具体的に詳しく話してくれた。高台の長円寺という寺で一泊し、その後さらに歩いて高台の長部保育所で六泊した。一緒に避難した子どもたちの誰ひとりも犠牲者が出なかったのは、日頃の保育での子どもたちとの話し合いや毎月一回の避難訓練、地域の人たちや保護者たちとの信頼関係を大事にしてきたからではないかと話してくれて、思わずひきこまれた［佐々木　二〇一九］。それまで語るのを避けてきた記憶が蘇り、思い出す場面をたどるように語られた震災当日の話。ただし、その後の佐々木さんによれば、なぜ震災当日の情景が蘇ったのか、自分でもよくわからないという。

二〇一九年に訪ねたとき、佐々木さんは陸前高田で始まった民泊に夫婦で協力していた。震災時のことを人前で話すのはまだしんどい。でも、外から来た子どもたちを家に泊める民泊ならば協力できる。民泊の子どもたちには、「家族で災害について話し合ってね。普段の生活が大事だよ」と話しているという。海岸の一本松には、民泊の子どもたちを連れて震災後はじめて訪れることができた。また、保育士からはお散歩コースを見つけたとうれしい報告をもらったことを話してくれた。

佐々木さんがふと語った震災時の保育、そのときの感情の起伏、震災後のまちの様子などから、震災後の喪失感と不安感の交差が感じられるとともに、保育で大事にしていることも聞こえてきた。私は聞き取りで、もっぱら話を聞くことに努めるようにしているが、今から振り返ると、聞きつづける過程は佐々木さんと対話する時間でもあり、長い時間をかけ、保育とまちへの思いを受けとめるにはどうしたらいいのか、そのことを考えてきたように思う。

2　保育資料を読む

（1）保育資料の読解と「陸前高田プレ・フォーラム２０２０」での報告

佐々木さんとの対話を重ねるなかで、二〇一九年、佐々木さんの自宅で保育資料が残されていたことがわかる。資料は主に二つ、日々の『クラス便り』『保育所便り』（一九九五〜二〇一五年）と『修了文集』（一九八三〜二〇一五年）である。私は、『クラス便り』『保育所便り』を丹念に読むことで、「高田の保育」の特徴を把握しようとした。

そのときに私が手がかりにしたのは、「高田の保育は過程を大事にする」「できていたことをしようね」という佐々木さんの言葉である。『クラス便り』からは「過程」がよく見えてきた。たとえば、高田保育所の夏祭り（ぴかぴかまつり）では、年長の子どもたちが相談し、設計図にもとづいておみこしを製作し、当日は保護者の協力も得てかつぐ。行事後のおみこしは、しばらく保育所で年少のクラスのお店ごっこなどで何度も使われる。「過程」を大事にする「高田の保育」の特徴は、保育士が子どもたちに問いかけ、子どもたちが話し合う、「問いかけ」と「話し合い」にある。夏祭りにも、保育士による問いかけと子どもたちの話し合いが随所に含まれている。

佐々木さんは「過程」の例として節分の行事の取り組みをあげていた。二月の節分は長い時間をかけて取り組まれる。年長の子どもたちは、節分にやってくる鬼から年少の子どもたちを守るために、知恵と工夫を出し合って、鬼の嫌いなものを集めたりする。ただし、節分の本当の目的は、保育所の修了を前にして、年長の子どもたちが自分たちの課題をもち、それに取り組むことにある。

二〇一四年の節分について詳しい『クラス便り』が残っていた［高田保育所　二〇一四ａ］。例年のように鬼から来た手紙には、「話を聞かない子、いじわるする子、騒いだりふざけたりする子がたくさん見える。みんなまとめて山に連れて行く！」とあった（手紙は保育士が準備する）。山とは鬼が住むところのこと。手紙には次のことも書いてあった。「いつもうるさいのに、いざという時は黙ってしまう心のよわい子どもがたくさんいる。小さい子を守るといっているが、どうせできないだろう。つよい心を見せてみろ！そうすれば許してやろう」。

この年の年長のすみれ組の子どもたちは、ふだんは元気で賑やかなのに、いざ話し合いになると、自分に関係ないという態度をとったり、誰かの言ったことをそのまま真似したりするなど、話し合いに大きな課題を抱えていた［同前］。子どもたち全員で節分の話し合いをしていたときにも、すみれ組からは声が出ず、一つ年下のたんぽぽ組に守ってもらおうかという雰囲気になった。そのとき、すみれ組の男の子から、「自分の心の鬼を退治すれば、強い心になる」と声があがったことから、すみれ組の子どもたちみんなで話し合いを深めていった。その結果、節分当日には、自分たちの課題に取り組みながら年少の子どもを守る役割を果たすことができた。

ここで自分たちの課題とは、声に出して意見を言えるようになること、話し合いができるようになること、思い切って行動できるようになることであり、子どもたちは、それぞれの課題に取り組み、ひとまわり大きくなって保育所を修了する。年少の子どもたちは、年長の子どもたちを見て、翌年は自分たちが取り組むことを受けとめる。「高田の保育は過程を大事にする」は、長い時間をかけて「問いかけ」と「話し合い」を重ね、年少者に継承するものだった。

『クラス便り』『保育所便り』からはさらに自然と保育のつながり、保護者や地域の人たちとの結びつきもよく見えてきた。のちに詳しく見るように、お散歩コースで地域の自然にかかわり、ヤゴやおたまじゃくしを育て、畑で野菜をつくって食べるなかで、地域と自然が結びつく保育が行われた。

二〇二〇年に入り、私たちは東日本大震災から一〇年にあたる二〇二一年に「陸前高田フォーラム２０２１」を開催することを決め、前年の二〇二〇年一一月には、「陸前高田プレ・フォーラム２０２０」を開き、私は保育資料の読解をふまえ、「『高田の保育』から高田の歴史と蓄積を考える」という報告をした。

当日、プレ・フォーラム全体にコメントを依頼していた川島秀一さんから、私の報告について指摘されたことが忘れられない。私は報告の最後に高田保育所の二〇〇五年度の「保育目標」を紹介した（資料1）[2]。「生命《いのち》を大切にする子ども」「健康で明るい子ども」「自分で考え判断し行動する子ども」「心豊かな子ども」の四つからなる目標のうち、報告では「生命」と「心」について十分検討することができず、今後の課題であると述べた。川島さんは、このうちの「生命」についてふれ、三陸

資料1　高田保育所「保育目標」2005年度

- 生命を大切にする子ども
- 健康で明るい子ども
- 自分で考え判断し行動する子ども
- 心豊かな子ども

出所）高田保育所［2005］。

沿岸では、以前から津波が来たら一人でも生命を守るようにと言われてきた。地域社会の伝承が保育目標の背景にあるのではないか。

「過程」を手がかりに『クラス便り』を読んできた私にとって、川島さんのコメントは思いつかなかったものであり、また「保育目標」を十分説明できていないことからすれば、あらためて資料を幅広い視点で読み直す必要があった。それはまた、当初からの問題関心である保育の「過程」について再考することでもあった。

(2) コロナ禍のもとでの試行錯誤

二〇二〇年春からコロナ禍に入り、プレ・フォーラムの準備や資料の読解も試行錯誤をたどった。全国的にコロナ感染者が増えはじめた二〇二〇年春から七月二九日まで、岩手県ではコロナ感染者ゼロで経過しており、緊張感と不安感の強い日々が続いていた。

私たちは、コロナ禍で人と人の接触が限られているからこそ、直接、人と人が会うかたちでプレ・フォーラムを開きたいと考えていた。私自身は、「高田の保育」は、子どもたちの結びつきにかかわるものであり、コロナ禍のもとだからこそ、陸前高田に出かけて対面で報告したいという気持ちが強くなっていた。そこで、プレ・フォーラムで協力をあおぐ陸前高田の人たちと、日程や方法などをめぐり、手紙、電話、オンライン会議などで何度も話し合いを重ねた。プレ・フォーラムの開催自体については意義を認めてもらい、そこから現地には少人数のみ集まり、そのほかの人はオンラインで参加する方法ならばできるのではないかというように、道が開けてきた。それでも、コロナの感染状況のために、プレ・フォーラムの当初日程は延期せざるをえず、二〇二〇年一一月になってようやく開くことができた。コロナ禍による試行錯誤は、その後の二〇二一年のフォーラム開催まで続いた。

（3）「過程」と保育目標であらためて保育資料を読む

以上のような経緯のもとで開催できたプレ・フォーラムののち、私はあらためて保育資料を読むことにした。『クラス便り』と『保育所便り』を丹念に読み、まだ読んでいなかった『修了文集』にも目を通してみた。そこで私が手がかりにしたのは、「保育の過程」と保育目標である。「自分で考え判断し行動する」という目標はよくわかったものの、「生命」「健康」「心」を含む保育目標とは、いったいどのような内容と特徴をもっているのか、それを理解する必要があった。

『修了文集』は、修了する子どもたちのページを中心に、アルバム、保育士たちの声で構成されることが多い。たとえば、一九九九年度の『修了文集　みんななかま　すみれくみ』には、修了する子どもたちの二頁のコーナーに、成長の記録、保護者と保育士の言葉、子どもたちへのアンケート、子どもの描いた絵が載っている。アンケートは、「すきなあそび」「大きくなったらなにになりたい」「ほいくしょでたのしかったこと」「すきなえほんやおはなし」「たのしかったおさんぽコース」であり、絵は「いっぱいたのしいことあったね」である〔高田保育所　二〇〇〇〕。

修了時に保育士が子どもたちに問いかけたのは、保育所で「たのしかったこと」である。この問いに子どもたちが最も多く答えたのはお散歩であり、四七人のうち一七人がお散歩をあげている。高田保育所のお散歩コースには魅力的な名前が多く、「たのしかったおさんぽコース」では、かたつむりロード一三人、うめうめはらっぱ九人、ほんまる公園八人、トトロの森七人だった。絵にお散歩を描く子どもも少なくなかった。『修了文集』に載ったアルバムを見ると、お散歩の躍動感が伝わってきた。アルバムの写真を三つ掲げて

資料2　かたつむりロード（高田保育所のお散歩コース）

（出所）資料２～８はすべて高田保育所［2000］

資料3　お散歩で見つけたヘビ

資料4　保育所裏の山登り（高田保育所のお散歩コース）

みよう。資料2はかたつむりロード。かたつむりにあけびや藤づるのブランコがあり、パイナップルのかたちをした松ぼっくりがとれるこの道はみんなのお気に入りだ。資料3は熊谷恵子先生の自宅にヤゴを捕りに行ったときに見つけたヘビ。ヘビは「この日の思い出NO.1」と書かれており、子どもたちも満足の様子だ。資料4は、高田保育所裏の山登り。服も手も真っ黒にしながらの山登りが子どもたちは大好きだ。

資料５　保育所のお散歩マップ（はる・なつ）

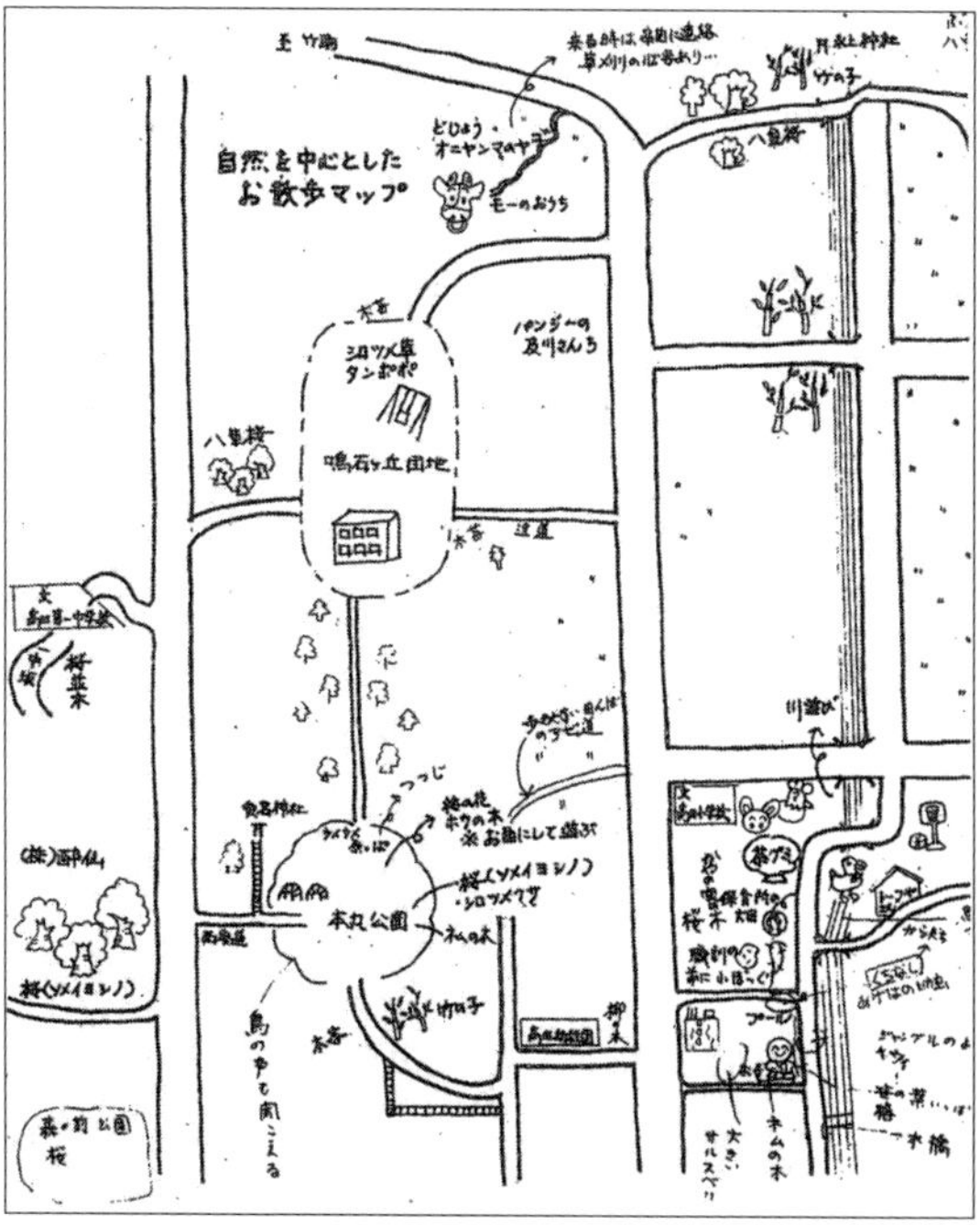

『修了文集』には「すきなえほんやおはなし」もある。一九九九年度に子どもがあげたのは、「かいぞくポケット」一二人、「エルマーの冒険」一一人、「なぜなぜクイズえほん」五人、「図鑑」三人だった。試みに「エルマーの冒険」シリーズの『エルマーと一六ぴきのりゅう』を読んでみた。エルマーが、幾多の困難を乗り越えて一六匹の竜を助け、竜たちが住んでいた場所まで送り届けて、自宅まで戻ってくる物語だ。

　エルマーが竜を助けに行く際にリュックにつめたのは、らっぱ一六個、運動会に使うピストルと弾、丈夫な紐、板チョコ六枚、いちじくジャムのビスケット三箱。いったい何に使うのだろうとワクワクしてくる。エルマーの冒険と同様に、お散歩も子どもたちにとっては冒険だったのではないか、この冒険こそまさに過程なのではないかと思った。高田保育所の日常と結びつけてみると、夏祭り（ぴかぴかまつり）でいろいろなものを準備するのは、エルマーの持ち物に似ているなど、想像がいくつにもふくらんでいった。本の扉見開きには「エルマーのぼうけんず」があり、この地図は高田保育所のお散歩マップに似ていた（資料5）。

この絵本を読むと、「えほんやおはなし」とお散歩は、子どもたちにとって別の世界ではなく、ひとつながりの世界であり、「エルマー」や図鑑を読んだ子どもたちは、その世界をからだいっぱいに吸収したまま、保育所の裏の山を登って探検し、お散歩コースでいろいろなものを発見したのではないかと思いいたる。『修了文集』にすべて目を通し、あらためて『クラス便り』『保育所便り』を読んだ。そのうえで、二〇〇五年度における高田保育所の保育目標である、「生命を大切にする子ども」「健康で明るい子ども」「自分で考え判断し行動する子ども」「心豊かな子ども」の四つについてあらためて考えてみたところ、目標がとてもよく理解できたように思えた。

「生命」は、子どもたちが見つけて育てるヤゴや保育所の畑で育てる野菜の「生命」であり、何よりもお散歩に見られるように、子どもの「健康」と「心」を育てる「生命」でもあることがよくわかった。(3)「問いかけ」と「話し合い」は、子どもたちが「自分で考え判断する」ようになるだけでなく、何よりも子どもたちの「心」を育むものであることが見えてきた。

お散歩が保育の「過程」をつくりだし、子どもたちと地域／地域の人たちの相互的な関係を結ぶ例を二つ紹介する。お散歩で見つけて保育所に持ち帰ったおたまじゃくしが死んでしまった〔高田保育所　一九九七〕。保育士は、「どうしてかな」「どうしたらいい」と問いかけ、話し合った結果、「お母さんが待っている田んぼに逃がそう」という案に決定し、田んぼに返しに行ったところ、カエルの卵を発見した。保育所に持って帰り、今度は図鑑をよく見て、えさをあげて育てた。

もう一つは、竹の子のおばさんとのつながりである。竹の子のおばさんから恒例のたけのこ掘りの招待が保育所に届いた。子どもたちはおばさんを訪ね、たけのこを掘り、保育所に持って帰って、たけのこごはんにしてもらった。たけのこごはんをたけのこのおばさんにおすそ分けしたところ、おばさんから手紙が届き、たけのこ掘りに「みなさんがくるのをずっとまっていました」とあった〔高田保育所　一九九九ａ〕。

それから一か月後、たけのこ掘りに行った子どもたちのクラスでクッキーをつくり、たくさんできた。ここで保育士から子どもたちに「問いかけ」があり、「話し合い」が始まった〔高田保育所　一九九九ｂ〕。「ねぇ、ねぇ、クッキーたくさんできたね。これどうする?」。「みんなでたべる」、「もちろん」／「お家に持っていく」、「もちろん」／「あとは、しばらく考えて、パッとひらめいた」子どもが「竹の子のおばさんにあげたい」と声をあげ、「うーん、その声を待ってたのヨ」と保育士が応じた。竹の子のおばさんを訪ねておすそ分けし、子どもたちは口々に挨拶をした。

先の節分も含め、「問いかけ」と「話し合い」の大きな特徴は、保育士が先回りをして答えを出さないことにある。保育士は子どもたちの話し合いを聞き、反応を待つ。節分やおたまじゃくしに見られるように、答えは決まっているわけではなく、過程のなかの話し合いで選ばれ、再び過程がつくられていく。保育目標の「自分で判断し行動する子ども」とは、このような過程のなかの子どもだ。

以上のように、「高田の保育」では、保育士と子どもたちの「問いかけ」と「話し合い」、お散歩、地域の人たちがループのようにつながり、人と地域と自然が結びつく保育が取り組まれていることがよくわかる。保育は子どもたちをケアするだけでなく、地域の人たちもケアする相互的なものだった。

『修了文集』からお散歩を検討し、『クラス便り』の考察と組み合わせた結果、「高田の保育」では、地域・自然・保育が結びつき、四つの目標を実践する保育の「過程」がつくりだされていたことがよくわかった。あらためて資料1から保育目標について考えてみよう。「生命」「健康」「心」を育み、「自分で考え判断し行動する子ども」に育つことを目標にした保育が理解できるようになってみると、この目標は保育所にとどまらず、高田の「子どもの世界」全体に通じる課題であり、陸前高田はこのような課題を包み込んで存在していた地域社会であると言えるように思えた。保育資料は、地域の一部を示す小さな資料のように思うかもしれないが、お散歩と保育目標の理解が深まったことにより、小さな資料のなかに地域社会全体が照らし出されることまで理解できた。小さな資料の理解を深めることは、全体の理解を高めることにも通じるのである。

私は、ようやく保育資料全体を読むことができたように思え、二〇二一年一二月に開催した「陸前高田フォーラム2021」では、「『高田の保育』が映し出す『子どもの世界』——陸前高田で人が育つということ」という報告をした。

（4）お散歩コースを歩き、あらためて子どもたちの声と表情、表現が浮かぶ

フォーラムでは、一日目、佐々木利恵子さんのガイドでお散歩コースを歩く企画を立てていた。保育資料でずっと接してきたお散歩をようやく体験できる機会に、私は大きな期待を寄せていた。

参加者は一五名、一二月初めの陸前高田は小春日和で、お散歩の絶好の機会になった。新しい高田保育所の周辺の川原川公園は、かつての川を活かして震災後に整備された場所であり、お散歩コースをつなぐ道路も大きく変わっていた。お散歩コースは大きく変更されてしまったが、それでも、かたつむりロードや本丸公園には、かつてのお散歩コースがほぼ残っていた。ガイドの佐々木さんは、歩を進めながら参加者の目を樹々や草花、田んぼの用水路などに促し、他の参加者も私も、芽吹いた樹々の紹介や、クリスマスの行事で用いるかやの木の話に惹きこまれていた。私の脳裏には『修了文集』やお散歩マップが蘇り、いつの間にかワクワクしながらお散歩コースを歩いていた。佐々木さんのガイドは生き生きとしているように感じられた。このときも佐々木さんは、立ち話のときに、まだ津波のときのことをふと思い出すと言っていたが、コースガイドをすることは佐々木さんにとっても、大事な保育を再確認する機会になったのではないだろうか、そんなことを思いながら私は歩いていた。

フォーラム後のアンケートに記された参加者の感想は、お散歩について印象深いものが多かった［陸前高田フォーラム２０２１　二〇二二］。散歩コースについて、「自然の林や丘や、作られた川辺などは、子どもが喜びそうで印象的だった」という感想があり、ガイドについては、「佐々木さんの軽やかな、芯のあるお話、姿勢

に刺激を受けながら楽しいお散歩ができました」、また子どのお散歩をめぐり、「子どもが動き回り、発見する中で、もしかしたら進取の気性や自由な関心のひろがりが得られるのかなと思いました」といった感想があり、フィールドワークについては、「『現地に行く』という時、話し手の現場に入ることが重要だと改めて感じました」や、「陸前高田には長く通っているが、子供の目線で風景を見る機会は新鮮だった」などの感想があった。

二〇二二年五月には、再び佐々木さんにガイドをしてもらうことができた。長部《おさべ》保育所のお散歩コースで津波の被害を免れた大きなかやの木の周辺と、高田保育所周辺で前回歩かなかったコースであり、当日は、佐々木さんが震災前の長部保育所でのお散歩の写真を持参してくれた。

二回にわたってお散歩コースを歩き、あらためて保育資料を読んでいたとき、『修了文集』には子どもたちが楽しかった場所だけでなく、子どもたちの声も書きとめられているのが目に飛びこんできた。保育士のなかには、『修了文集』に子どもの小さな声を書きとめている人がいたのである。「保育所でたのしかったことは」の質問に「おさんぽ」と答えた子どもは、続けて「いろんなところをたんけんしたよ」と話したことも書いてあった。「おばけのもり」と答えた子どもは「こわかった」、「かたつむりロード」をあげた子は「みんなで」「いろんなものをはっけんしたんだ」、「トトロのもり」と答えた子は「あながいっぱいだった」など、質問に答えた子どもの声が生き生きと記されていた。

保育目標と「過程」を手がかりにすることで、保育資料を読むことができるようになったつもりでいたが、私は子どもたちが何を楽しいと思っていたのかに気をとられ、子どもたちの小さな声まで受けとめることができていなかった。それに対し、その後、子どもたちの声を受けとめることができたのは、お散歩コースを実際に歩き、そのなかで『修了文集』のなかの子どもたちの様子が浮かび上がってきたことが大きな契機になったように思う。子どもたちの表情や様子を思い浮かべて資料を読んだところ、書きとめられた子どもたちの声が目に飛びこんできたわけである。

高田保育所『修了文集　みんななかま　すみれくみ』〔高田保育所　二〇〇〇〕と、『げんき　すみれくみ』〔高田保育所　二〇〇一〕をあわせて読んだ結果、子どもたちの声は、次の三つの特徴にまとめることができた。

資料６　『修了文集』に子どもが描いたヘビ

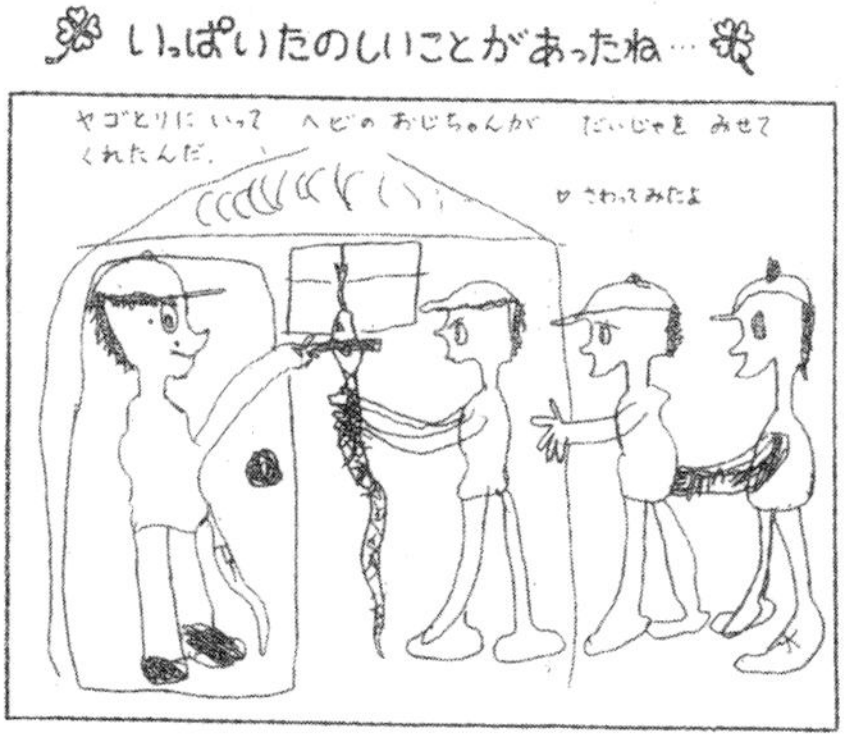

資料７　『修了文集』に子どもが描いた山登り

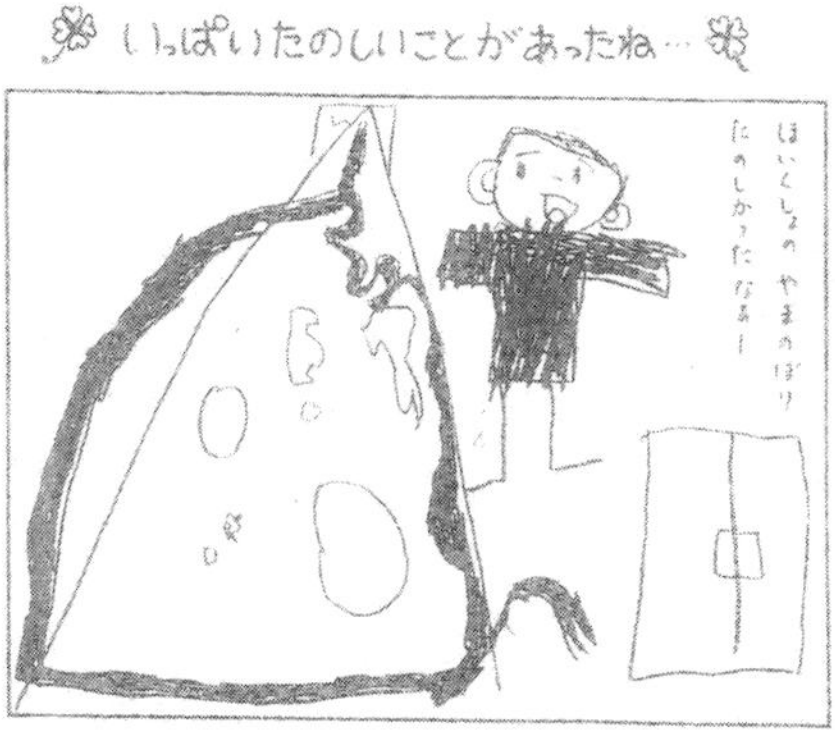

一つ目に、お散歩をめぐって子どもたちが異口同音のようにあげた言葉があった。「たんけん」と「はっけん」である。「たんけん」の場所は、うめうめ原っぱに続く本丸公園、暗く、大きな石や穴があるトトロの森、保育所の裏の山登りがメッカであった。お散歩で「はっけん」したものは、イモリ

資料8 『修了文集』に子どもが描いた「エルマーの冒険」

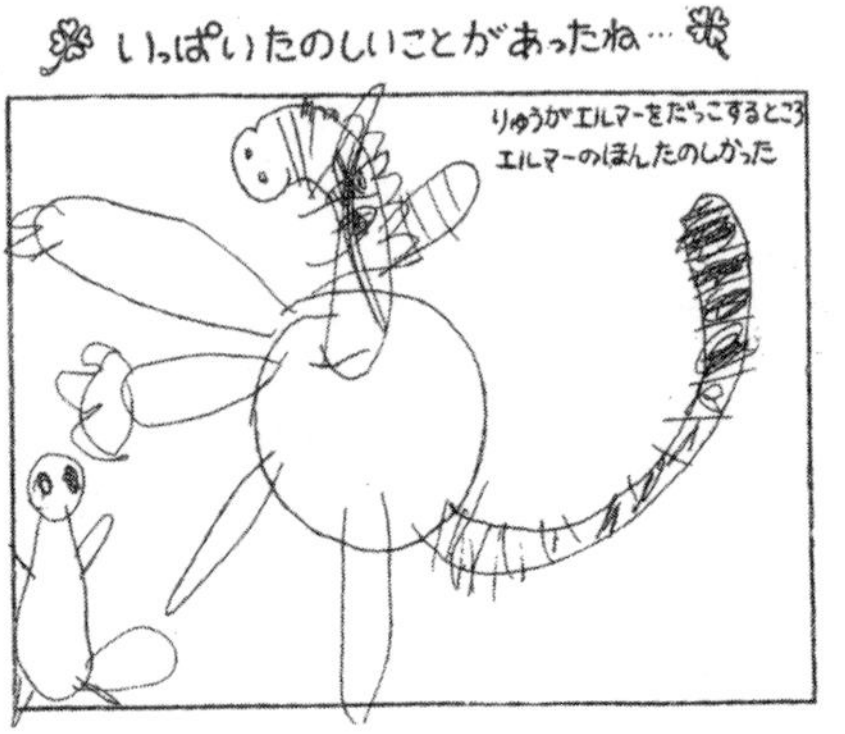

やカエル、ヤゴ、野の花、貝、ヘビなど数限りなくあった。「たんけん」と「はっけん」に満ちたお散歩が何よりも楽しいと、子どもたちは言っていたのである。二つ目は、「たのしかった」だけでなく、「くらくてこわかった」や「こわくなんかないよ」といった気持ちを表す表現である。三つ目は、お散歩はみんなや友だちと一緒に楽しんだものだった。みんなでワクワク／ドキドキするのがお散歩であり、お散歩は、自然や遊びにも通じ、「生命」「心」「健康」を育む保育の源泉だったと言っていいだろう。

保育資料から子どもの声を聞き、表情を思い浮かべてみると、今度は『修了文集』で子どもたちが描いた絵も目に飛びこんできた。子どもたちは、お散歩で発見したヘビや（資料6）、おばけのもりのこわかった様子、保育所裏の山登り（資料7）がいかに楽しかったかを絵に描き、「エルマーの冒険」も絵にあった（資料8）。

保育資料から、子どもたちが何をしたのか、何が楽しかったのかということだけでなく、子どもたちの声や表情を思い浮かべて、その表現を受けとめてみることで、保育資料はいっそう生き生きとした子どもの世界を伝えるものになった。資料はたんに読むだけでは資料のなかの子どもの世界にまでたどりつくことはできない。佐々木さんに話を聞きつづけるなかで出合うことのできた保育資料を読み、保育資料を思い浮かべながら佐々木さんのガイドを聞くなかで、私は子どもたちの表情や身体を思い浮かべて資料を読むようになり、そこから子どもたちの声や表現にまでたどりつくことができた。

3　「高田の保育」から地域社会と時代を考える

保育資料を通じて見えてきた「高田の保育」と「子どもの世界」、今度はそれを地域社会と時代とのかかわりで検討することで、より広い文脈のなかに位置づけてみたい。

(1)　地域社会とのつながり

今泉保育所はけんか七夕で有名な今泉にあり、子ども七夕を行う保育所にも気仙町けんか七夕保存会の人たちが指導に訪れる。保存会の人たちは太鼓を指導するだけでなく、保育所の山車《だし》の看板の取り付けなども手伝ってくれた［今泉保育所　二〇〇九］。これは小中学校も同様であり、今泉の子どもたちは小さなときからけんか七夕の息吹のなかで育っていく。

二〇〇九年の子ども七夕は、気仙町のけんか七夕はどうして始まったのかな、という疑問からスタートした。この疑問を解くために、公民館の吉田館長が保育所に来てくれた。吉田館長は、山車に地域で亡くなった人の名前を書いて拝むところから七夕が始まった。電線がなかった頃の七夕は高さを競い、屋根伝いに人がロープをもって七夕を支えたこと、二台の山車のぶつかり合いで勝負が始まった、などと話してくれた。

次に、「昔のことならお墓の中の人に聞いてみたら」ということで、子どもたちは地域の龍泉寺に出かけてお墓に七夕のことを尋ねている。今泉保育所［二〇〇九］には、「[お墓の中の人たち、こうやって毎日私たちのこと見ていてくれるのかな～？」ご先祖様に触れる機会になりました」とある。

今泉の子どもたちは、こうして七夕の太鼓や山車の取り付けを習うとともに、七夕には地域社会の人たちの思いがつながっていることを少しずつ知る。陸前高田では、ほかの保育所でも七夕などで必ずおみこしや山車をつくっていた。

保育資料を保育目標と「過程」とのかかわりで読み、子どもたちの声を確かめたうえで、地域社会とのつながりを考えてみると、二〇二〇年の川島秀一さんの指摘を十分に受けとめることができるように思う。保育所は地域の人たちや行事とのつながりのなかにあり、そこから、保育所では津波をめぐる地域社会の生命の伝承を受け継ぐ面がたしかにあったと言える。と同時に保育所では、お散歩を軸にした保育を通じて、動植物から子ども自身の「健康」と「心」を育てる「生命を大切にする子ども」を育てていた。保育所は、地域社会の伝承を受け継ぎ、保育を通じて「生命」の考えをさらに育てる（更新する）役割をはたしていたと言っていいだろう。

(2) 時代のなかで

一九八〇年代から二〇一〇年代まで残されている保育資料を時代のなかに位置づけてみると、ここで述べてきた、地域や自然と結びついた「高田の保育」の特徴が形成されるのは、一九九〇年代から二〇〇〇年代であることがわかる。「高田の保育」が充実しはじめる一九九〇年代は、同時に陸前高田市による行政改革で保育所の統合案が出され、それに保育士や保護者、地域の人びとが対抗する過程でもあった。

バブル経済崩壊後の一九九一年、陸前高田市は、財政難を理由に行政改革の一環として保育所の統廃合案を出す。これに対して、保育士や保護者、市職労、地域の人たちは「陸前高田市保育をよりよくする会」をつくり、市内の五歳児以下の子どものいる全世帯を対象にアンケート調査を実施し、関係世帯の四分の三から回答を得た［陸前高田市保育をよりよくする会　一九九二］。アンケートの結果、父親も母親も土曜日も休みなく働き、経済的理由で働く母親も七割を超え、親の七割は保育所の統廃合ではなく、保育の充実を求めていることが明らかになった。

これ以降、保育の充実を求める運動が展開され、保育を保育所内にとじこめずに広く地域社会にはたらきかけ、保護者や地域社会と共に保育を充実させる方向性が示された。少子高齢化と過疎化が進行し、行革と新自由主義による保育の縮小に抗した動きである。保育を充実させる運動の結果、保育所の統廃合案は撤回され、ここで述べてきたような、地域の人たちと深く結びつき、地域や自然と一体になった保育が展開されることになった［陸前高田市保育をよりよくする会　二〇〇二］。

以上については、二〇一三年の「陸前高田フォーラム」で佐々木利恵子さんに話してもらったことからも確認できる［佐々木　二〇一三］。佐々木さんの経験では、一九九〇年代初頭の保育は、五歳児三七人を一人の保育士が見る、未満児も九人まで一人で見るのが「当たり前」で、「子どもたちを統率する」保育だった。保育の研修会などで他地域の保育を知るなかで、当時の保育の問題点に気づいた。保育の現状を知らせるために保護者とも話し合うようになり、保育士と保護者、地域の人たちがつながるなかで、「陸前高田の保育をよりよくする会」がつくられた。保育の運動の結果、地域の保育は統廃合から充実させる方向に大きく転換され、保育士の人員の確保もはかられていった。一九九〇年代以降に展開した「高田の保育」の背景には、このように保育を陸前高田の地域社会全体にかかわる問題ととらえ、行革に抗して保育の充実を求める動きがあったのである。

（3）震災後とコロナ禍の「高田の保育」

東日本大震災は高田の保育にも大変に大きな影響を与えた。その影響の一端は、佐々木さんの話で示したとおりである。津波により高田保育所と今泉保育所は全壊消失し、さらに大規模な嵩上げ工事による市街地造成で、「高田の保育」にとって大事なお散歩コースが消失したり、縮小を余儀なくされたりした。

津波の被害を免れた保育資料には、二〇一一年度から二〇一五年度までの『修了文集』が残されており、震災後の保育の様子を知ることができる。ここから二つの印象を得た。第一は、二〇一一年度以降、徐々に保育の取り組みが回復していることである。二〇一一年度の『修了文集』〔高田保育所 二〇一二〕は、全体に写真が多くなり、修了する子どものページは震災前は一人各二頁だったところが一頁にまとめられ、行事では、運動会は借りた体育館、節分の行事には取り組んでいるが、お散歩のコーナーはない。それらに代わり、支援してくれた人の写真と、子どもたちが描いた「あたらしいまちりくぜんたかだ」の絵が掲載されている。

二〇一三年度の『修了文集』〔高田保育所 二〇一四b〕になると、修了する子どもたちのコーナーは二ページに戻り、アルバムにも、お花見や七夕、遠足、運動会、生活発表会、節分と行事がかなり記されるようになり、畑での野菜づくりと調理も行われている。支援者はまだまだ多くやってきていることがわかる。

二〇一五年度の『修了文集』〔高田保育所　二〇一六〕のアルバムには、ようやくお散歩コーナーが戻ってきた。散歩できる道と場所を工夫し、おたまじゃくしやヤゴをつかまえたり、子どもの遊具が残っていた施設で遊具を借りて遊んでいたりしている。『修了文集』の先生の声にも、庭をいっぱいに使った鬼ごっこや、ぴかぴかまつりのおみこし、おひな様をつくったとき、「子どもらしい考えがいろんなところに見られて、素敵だなと思いましたよ。散歩から帰ってくると、いつもおみやげがいっぱい！野菜を育てたり、ちいさい子のお手伝いをしたり」というように、保育を少しずつ取り戻している様子がうかがえる。

ただし、第二として、『修了文集』からは、震災前のワクワク、ドキドキするようなお散歩は見られず、地域の人たちとの交流も見えにくい。一九九〇年代以降、地域・自然・保育が結びつき、四つの目標を実践する保育の「過程」をつくってきた「高田の保育」は、震災後、継続することが難しくなっているようにも見える。震災後の保育は、全体としてどのように受けとめればいいのだろうか。

二〇二〇年の陸前高田プレ・フォーラムのとき、佐々木利恵子さんに震災後の「高田の保育」について話してもらった。そこでの話が示唆を与えてくれるように思う。二〇一六年に退職した佐々木さんは、保育所のヘルプなどでときに保育にかかわり、町の変化を見てきた。たとえば、造成地に新たにつくられた気仙保育所では、工事車両の増加で散歩を楽しめなくなり、一休みする木陰もなくなってしまったなど、高田の自然を存分に活かしたお散歩は難しくなったと話した。それにコロナ禍は、保育を通じた人のかかわりを減らし、保育はいっそう難しい課題を抱えることになった。

それでも、保育の行事に立ち会うことができたときなど、佐々木さんが目に止めているのは「過程」である。保育の過程を通じて、保育の継承ができているかどうか、そこが肝心だと佐々木さんは考えているように思う。たとえば、コロナ禍の二〇二〇年夏、岩手県はコロナ感染者ゼロで大変神経質になっており、隣の市の保育所では夏祭りを中止にした。高田保育所では職員が話し合った結果、感染に十分注意をして夏祭り（ぴかぴか祭り）を実施することになり、佐々木さんはヘルプで参加した。保護者の参加は年長組のみに制限したものの、お祭りを盛り上げるおみこしや周りの飾りつけ、出店や看板などはすべて例年どおりに準備した。年長児は得意そうにおみこしをかつぎ、四歳以下の子どもたちは一生懸命に応援し、どの子も実に楽しそうだったという。そのときの高田保育所長は、私が読んだ『クラス便り』をつくった人で、佐々木さんに、「年長児は昨年の年長児がおみこしをかつぐ姿を見て憧れていたはず、ぜひ経験させたかったし、四歳児が来年おみこしをつくるためには、年長の姿を見せておきたかった」と、思いを話してくれたという。

佐々木さんは、これに関連して、震災の年、長部保育所長だったときの夏祭りについても教えてくれた。このときも職員の話し合いから始まり、実施することになったとき、子どもたちから「ありがとうおみこし」をつくりたいという声があがり、段ボールの土台の上に虹を描き、その下に支援で来てくれた人たち、自衛隊、おまわりさん、工事の人たちと自分たちみんなが手をつないでいる絵を飾ったおみこしを完成させたという。佐々木さんは、震災後もコロナ禍も共通している面があり、つねに職員が話し合い、子どもには問いかけと話し合いを促し、その年齢でしか体験できない機会をつくって年少者に継承する、そこが「高田の保育」で大事なところだと言う。

二〇二〇年の佐々木さんの話と二〇二一年のフォーラムを重ねると、震災後の「高田の保育」の要点が見えてくるように思う。佐々木さんのガイドによるお散歩を通じて、震災後の高田でも、まだまだ自然と地域を活かした取り組みが可能であることを実感できた。保育所内で意識的に行われている保育の継承に、ワクワクし、ドキドキするお散歩を加えることができれば、「高田の保育」は子どもたちにとってかけがえのないものになるだろう。それは、震災以前の保育に戻るということではなく、「過程」を刻み、できていたことをすることで、保育を更新することにほかならない。二〇二一年のフォーラムに参加してくれた現役の保育士さんたちによれば、お散歩では工事現場の人たちと顔見知りになり、子どもたちが通りすぎるまで作業を中断してもらったりして、新たなお散歩コースを開拓しているという。そして過程を大事にし、地域に根ざした「高田の保育」の取り組みを若い保育士の人たちにも伝えていきたいとフォーラムで発言してくれた。保育士の世代継承をはかりながら、地域・自然と結びついた「高田の保育」を継承・更新する過程をつくりだすこと、ここに現在の「高田の保育」の要点があるように思われる。

おわりに

「はじめに」で二つの課題を設定した。震災前後の「高田の保育」を通じて、「生存」の歴史の契機を考えることと、保育資料の読解について留意することである。ここでは、後者から前者にいたる順番でまとめておきたい。

震災後の陸前高田では、保育所長だった佐々木利惠子さんの声に耳を傾け、保育資料を読んできた。二〇一三年に陸前高田を訪ねて以降、佐々木さんから、「高田の保育は過程を大事にする」、「できていたことをしようね」という言葉を聞いた。二〇一九年に保育資料が発見されてからは、この二つの言葉を手がかりに保育資料を読み、次いで「保育の過程」と保育目標を手がかりに資料を読み直した。二〇二一年にお散歩コースを歩いた際には、佐々木さんのガイドに惹きこまれ、保育資料のなかの子どもたちを思い浮かべた。その後、再び保育資料を読んだとき、資料のなかの子どもたちの声や絵が目に飛びこんできた。

この過程を煎じ詰めれば、聞く／読む／ガイドを聞く／表情や様子を浮かべて歩く／再び読むとなり、この過程で私は、子どもの心身を丸ごと受けとめるようにして資料を読むようになったように思う。マルク・ブロックは遺著になった『歴史のなかの弁明』において、「史料は問いかけねば何も語らない[4]」と述べている［ブロック　二〇〇四］。最近、久野洋さんの書評のなかで、この言葉に久しぶりに出会った［久野　二〇二二］。ブロックの言葉も手がかりにすれば、保育資料を読む過程では、表情や身体を意識した資料に対する私の問いかけと、資料のなかに記された子どもたちの声が結びつく過程があったように思う。資料に子どもの声がいくら書かれていても、読む側に資料に対する問いかけがなければ、資料はこたえてくれない。ただし、その問いかけは資料に外挿的なものではなく、資料に内在した問いかけではじめて資料との接点が生まれる。保育資料を読み、佐々木さんのガイドを聞きながら、子どもの表情や身体を思い浮かべてお散歩コースを歩き、再び資料を読む、この長い往還のなかで資料に内在的な問いかけが生まれたように思う。資料は内在的な問いかけにより読み解かれてはじめて生気を帯びる。震災後の時間は、佐々木さんの声と文字を往還し、試行錯誤を重ねるなかで、高田の子どもたちの世界にまでたどりつく過程にほかならなかった。

次いで、震災前後の「高田の保育」を通じた「生存」の歴史の契機についてまとめておく。このことを考えるうえで、保育資料は、地域のある一部だけを照らす小さな資料のように思えるかもしれない。しかし、保育資料からは地域社会の全体にかかわることが浮かび上がる。二つ指摘してみよう。

一つに、保育目標は、何よりも高田の子どもの世界全体に及ぶことであり、それはまた地域社会の全体にもかかわることである。一九九〇年代から二〇〇〇年代の陸前高田において、「生命を大切にする子ども」「健康で明るい子ども」「自分で考え判断し行動する子ども」「心豊かな子ども」を目標にした「高田の保育」が実践され、地域・自然・保育が結びつく「過程」がつくりだされた。この時代には、過疎化や少子高齢化が進行し、行革が行われ、それに抗するかたちで、保育士や保護者、地域の人たちが連携し、地域社会の行事やいのちの伝承を受けとめつつ、「生命」や「心」を育てる（更新する）かたちで「高田の保育」が取り組まれた。

「高田の保育」は、行事と日常の保育のなかで、自然・地域との結びつきを深め（お散歩、畑、海川山、動植物、食など）、保護者や地域の人たちとの信頼関係や職員のネットワークをつくり、それらのなかで子どもが育つ過程にほかならなかった。言い換えれば、問いかけと話し合い、および高田における人と自然の関係を思う存分に活かし、子どもから保育士、保護者、地域の人たちをつなぐところに「高田の保育」の特徴があった。地域社会や保護者との結びつきからすれば、ここでの取り組みは、保育所だけでなく、高田の「子どもの世界」全体に及ぶものであり、それはまた陸前高田という地域で人が育ち、暮らすことを反映したものであったと言っていいだろう。保育資料という小さな資料に目を止め、読み解いていくと、保育資料のなかに地域社会全体が照らし出されるのである。

もう一つに、保育資料に刻まれた子どもの声や表情、表現は、今となってはなかなかたどりつくことのできない、震災前の高田の子どもたちのワクワク、ドキドキする姿がどのようなものだったのかを伝える貴重なものである。保育資料は小さな資料にとどまらない。保育資料を丹念に読み、震災前後の陸前高田を往還すると、そこからは、陸前高田の子どもの世界と地域社会のあり方、震災前に陸前高田で暮らしていた子どもたちの声や表情、表現が浮かび上がるのである。

以上のようにまとめてみると、ここでたどってきた「高田の保育」の特徴の一つひとつが、震災後、コロナ禍のもとで大事な意味を帯びていることに思いいたる。「生命」や心を育てる保育が今こそ必要なときはなく、ワクワク、ドキドキするお散歩こそ、「高田の保育」の原動力だと言っていいだろう。加えて、「高田の保育」を継承するためには、「問いかけ」と「話し合い」に見られる待つ保育、子ども自身が考え判断し行動することこそが、「高田の保育」を真ん中で支えていることが見えてくる。

このようななかで、震災後の保育は、震災以前に戻るのではなく、できていたことをするなかで、今までの保育を継承し、さらに保育を更新する過程にあることが見えてきた。保育士の世代継承をはかりつつ、地域・自然・保育の結びついた「高田の保育」を継承・更新する過程をつくりだすこと、ここに現在の「高田の保育」の要点があると言っていい。

陸前高田の「生存」の歴史の契機を考えるうえで、「高田の保育」は大きな位置をしめていると言っていいだろう[5]。

注

（1）陸前高田には、公立と法人（私立）の保育所があり、市内で一律に同じ保育が実践されていたわけではない。

（2）高田保育所［二〇〇五］には、保育の取り組みとして、「散歩や畑での野菜栽培等を取り入れ、自然と触れ合う機会を多く持つようにしています」、「異年齢グループの友だちとの触れ合いを大事にする為に、異年齢グループ（クレヨングループ）を作り活動する日を設けています」、「健康管理、生活指導、集団遊び、自由遊び、地域行事、社会行事等を考慮しながら保育を展開しています」が掲げられている。なお、保育目標は［高田保育所　一九九五］に掲げられているので、少なくとも一九九五年には設定されていたことが確認できる。

（3）東日本大震災時に今泉保育所にいた佐々木利恵子さんは、保育所に残っていた子どもたちと一緒に避難し、長部保育所で六日間すごしてから、子どもたちは無事に保護者のもとに帰った。この経験について佐々木さんは、子どもと保育士、保護者、地域の人たちでつくる「普段の保育の積み重ね」で「命がつながった」と述べている［佐々木　二〇一一：一五、二二］。保育目標の「生命」の実践に通じる考え方だといっていいだろう。

（4）この訳は、ブロック［二〇〇四：四六］に該当する個所だが、書評を書いた久野さんがフランス中世史の研究者に訳してもらったものとのことである。

（5）「高田の保育」については、ローカルとグローバルの観点や日本国憲法とのかかわりなど、別の視角から主に検討した大門［二〇二三a］も参照されたい。また本章のエッセンスを話した講演録として大門［二〇二三b］がある。

文献一覧

今泉保育所『保育所便り　七夕特集号』二〇〇九年

大門正克『世界の片隅で日本国憲法をたぐりよせる』岩波ブックレット、二〇二三年a
――――「聞く歴史と文字資料の往還――東日本大震災後の歴史実践を中心として」岡山県郷土文化財団『岡山の自然と文化』第四二号、二〇二三年b
久野　洋「書評　大門正克・長谷川貴彦編著『「生きること」の問い方――歴史の現場から』日本経済評論社、二〇二二年」『週刊読書人』二〇二二年九月三〇日
佐々木利恵子「普段の保育の延長線上に命がつながった」エイデル研究所『げんき』第一二六号、二〇一一年
――――「つながりながら育つ、子ども達が地域を『五感』で感じられる保育を――プレ・フォーラムで佐々木利恵子さん（高田保育所長）のお話し」『岩手県保育連絡会NEWS』第五九号、二〇一三年
――――「対話　地域で育んできた陸前高田の保育」大門正克・岡田知弘・川内淳史・河西英通・高岡裕之編『「生存」の歴史と復興の現在――3・11　分断をつなぎ直す』大月書店、二〇一九年
高田保育所『公開保育　さぁみんなで作ろう　平成七年度保育所職員地区別研修（南部沿岸地区）』一九九五年
――――「クラス便り　えがお　たんぽぽくみ」一九九七年（六月一七日）
――――「保育所便り　おたより」一九九九年（五月一九日）a
――――「クラス便り　ひだまり　たんぽぽくみ」一九九九年（六月二五日）b
――――『平成一一年度修了文集　みんななかま　すみれくみ』二〇〇〇年
――――『平成一二年度修了文集　げんき　すみれくみ』二〇〇一年
――――『入所のしおり』二〇〇五年
――――『平成二三年度修了文集　みらいへのしっぽ　すみれくみ』二〇一二年
――――「保育所便り　節分によせて」二〇一四年（一月二八日）a
――――『平成二五年度修了文集　ジャンプ！！　すみれくみ』二〇一四年b
――――『平成二七年度修了文集　キラリン　すみれ　すみれくみ』二〇一六年
ブロック、マルク（松村剛訳）『歴史のための弁明』岩波書店、二〇〇四年
陸前高田市保育をよりよくする会『よりよい保育の実現のために――「子どもの実態調査」結果』一九九二年

――――『10年のあゆみ』二〇〇一年

陸前高田フォーラム２０２１「陸前高田フォーラム２０２１　アンケート回答」二〇二一年

第4章

陸前高田の「子どもの世界」
——新しい居場所としての陸前高田市立図書館

菅野義則

はじめに

二〇一一年三月一一日に発生した東日本大震災は、陸前高田市に甚大な被害をもたらした。多くの方が亡くなり、全世帯の約半数が全壊するなど、その被害は想像を絶するものであった。学校を含めた公共施設のほとんどが被災し、子どもたちの日常も一変し、非常に厳しい教育環境となった。

一〇年あまりが過ぎ、まちの復旧・復興が進み、教育環境は整備されたが、心の復興は、引き続き重要な課題となっている。

本稿では、陸前高田市立図書館の歴史にふれながら、新しい市立図書館の役割と子どもの世界について述べてみたい。

1　陸前高田市立図書館の歴史（震災前）

陸前高田市立図書館（以下、市立図書館とする）の歴史の概要をまとめたものが、表1である。

市立図書館は、「陸前高田市立図書館の設置、管理に関する条例」の制定により、一九六四年、旧高田中学校二階の二つの教室において、正式に発足した。

その後、一九七八年に前述の条例が廃止され、新たに「陸前高田市立図書館条例」が制定された。同年、市の中心部に、新たな市立図書館が建設され開館した。

第三次教育振興基本計画（一九八〇年）において、社会環境等の変化にともない、生涯学習の充実が求められるなか、他の社会教育施設である市立博物館や、中央公民館、市立体育館とともに、「一大社会教育団地」が形成され、生涯学習の拠点として、多世代の人が行き交う賑やかな場所となった。

市立図書館は、鉄筋コンクリート二階建て（延べ面積

社会教育団地内の市立図書館（向かって右側）と市立博物館（左側）［東海新報社　2012］

表 1　市立図書館の歴史

市立図書館の歴史	関連事項（教育振興基本計画等）
1959 年 市立図書館が始まる。旧高田町役場内一室に，中央公民館図書部を設置した。	
1964 年 「陸前高田市立図書館の設置，管理に関する条例」が制定され，「陸前高田市立図書館」が正式に発足した。旧高田中学校 2 階の二つの教室に移転した。	1966 年 第 1 次教育振興基本計画 教育水準の向上と教育諸条件の整備
1975 年 「図書館協議会」が発足し，館長の諮問に応じた市立図書館の運営が開始した。	
1978 年 「陸前高田市立図書館の設置，管理に関する条例」（1964 年）が廃止され，「陸前高田市立図書館条例」が制定された（その後，2000 年，2012 年，2017 年に改正を行っている）。 この年，独立した，新しい市立図書館が，市の中心部の社会教育団地内に建設され開館した。	1980 年 第 3 次教育振興基本計画 生涯学習の拠点施設の整備活用 2006 年 第 8 次教育振興基本計画 生涯学習機会の充実 子どもの読書活動の充実のため，「陸前高田市子ども読書プラン」策定（2009 年）
2011 年 東日本大震災により，市立図書館は全壊した。ほとんどの図書・資料が流失，あるいは浸水による被害を受けた。	2011 年 陸前高田市震災復興計画 被災した社会教育施設整備，機能回復 心のケア等の充実
2012 年 国内外の支援を受け，仮設図書館として再開した。	
2017 年 新しい市立図書館が，中心市街地に建設され，開館した。	2019 年 第 9 次教育振興基本計画 生涯学習の推進 陸前高田市子ども読書プランの推進
2021 年 2020 年に条例が改正され，2021 年度より指定管理者による図書館運営を開始した。	

八九三平方メートル）で、そこには一般閲覧室、学生閲覧室、児童閲覧室、研修室、貴重本庫、閉架書庫、事務室、車庫などが整備された。閲覧室には一二二席が設けられ、当時として県下トップクラスにランクされる充実した施設となった。入館者、貸出冊数とも年を追って増加し、市民の学習意欲や自発的な調査研究への意欲の高まりが見られた。また、子どもの利用が増え、親子を対象とした読書活動などの教育普及活動等も活発になった。

二〇〇九年には、第八次教育振興基本計画の方針（二〇〇六年）のもと、地域全体で子どもの読書活動を推進する「陸前高田市子ども読書プラン」（以下、子ども読書プランとする）が策定された。「読書の力を生きる力に」をテーマに掲げ、乳幼児期からの読書環境の充実がいっそう重要視されることになった。

このプランは、第九次教育振興基本計画（二〇一九年）において、引き続き推進することになっている。

2　新しい市立図書館（震災後）

（1）図書館を通した人づくり・まちづくり――基本理念と指針

冒頭で述べたように、二〇一一年三月一一日の東日本大震災により、当市は甚大な被害を受けるとともに、市立図書館も全施設が全壊し、ほとんどの図書・資料が流失、あるいは浸水による被害を受けた。その日から今日まで、多くのご支援をいただき、新しい市立図書館が、二〇一七年七月二〇日に開館した。

当市がめざす「ノーマライゼーションという言葉のいらないまちづくり」の実現に向けて以下の基本理念を掲げ、市民に親しまれ、新しいまちの賑わいに寄与する図書館として期待されている。

二〇二一年四月からは、指定管理者による図書館運営を開始し、民間の創意工夫を活かしたサービスの充実に努め、心の復興、生涯学習の拠点として「図書館を通した人づくり・まちづくり」に取り組んでいる。

〈基本理念〉

訪れるだけで安らぎ、一人ひとりの豊かな日常を取り戻すお手伝いをし、新しいまちの賑わいの創出に貢献し、郷土の歴史を守り、伝え、陸前高田の宝物になるような図書館を創ること。

この基本理念を実現させるために、五つの指針を定めた。

〈指針〉

新しい市立図書館① まちの中央に

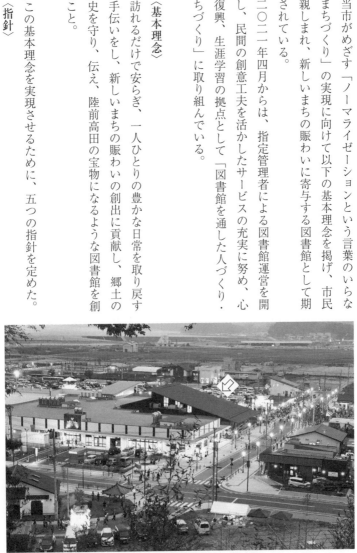

- 市民の居場所としての図書館
- 暮らしに寄り添う図書館
- まちづくりに貢献する図書館
- まちの魅力を発見し、郷土文化を継承する図書館
- 子どもの成長を支え、子育てを応援する図書館

（2）施設環境の特色

新しいまちの賑わいのために

当館は、当市の新しいまちの賑わいの創出と利便性の向上をはかるため、中心市街地の大型の複合商業施設に併設され、周辺には公共施設（市民文化会館、市立博物館、まちなか広場）や飲食店などの店舗が立ち並ぶ。まち全体がユニバーサルデザインに配慮されているので、相互の往来が便利であり、施設の利用も安心である。当館は、市民をはじめ、近隣の市や町の人の利用も多い（近隣の市や町の人も貸出のための登録ができる）。また、観光で訪れる人もよく立ち寄る。

他の施設等との相乗効果により、開館から四年半を迎えた二〇二二年一月九日に、入館者五〇万人を達成した。

新しい市立図書館②　外観

新しい市立図書館③　夜景

市民の居場所のために

誰もが、気軽に入館できるように、入口を三か所設けている。駐車場に面した正面玄関からだけでなく、商業施設の専門店街側やカフェ店側の入口から入館するなど、買い物や遊び、飲食のついでに利用する人が多い。どの入口においても段差がなくスムーズに入館できる。館内においても段差がなく平坦であり、書架の間の通路を広くとっているので、幼児・高齢者・車椅子の人も安心して利用できる。

また、館内は、静かな音楽が流れ、木の香りが漂う、くつろぎの空間となっている。床には木目が美しく手触りのよい気仙杉を、柱と梁には力強くて風合いある岩手県産のカラマツを使用している。さまざまな方向から差し込む陽光と照明を調節し、館内を程よい明るさに保つとともに、書架をきれいに整えている。

このなかで、飲み物を飲んで読書したり、屋外の読書テラスで語り合ったりしていただいている。

床の段差はなく，書架の間が広い館内

木の温もりのある館内

きれいに整えた書架

屋外の読書テラス

諸事情により来館できない人には、毎月、市内各地域に、移動図書館車「はまゆり号」を運行し、貸出を行っている。「介護もあり家を留守にしないようにしているので、月一回の移動図書館車を楽しみにしています」、「はまゆり号、いつもありがとうございます。とてもよい選書で助かっています」など、喜びの声が寄せられている。

暮らしに寄り添うために

利用者が、日々の生活の情報を簡単に得られるように、入口近くに「くらしを楽しむ」コーナーを設けている。料理、ファッション、育児、家庭教育、暮らし、家づくり、園芸、旅行、趣味などの生活に役立つ本や、新聞、雑誌、ボードゲーム、ＡＶ資料を豊富に揃えている。

また、利用者が、柔軟に読書や勉強、仕事をすることができるように、館内各所にさまざまな閲覧席（一〇三席）を設けている。勉強やデスクワークのできる閲覧席のほかに、外の景色が見えるおしゃれな一人席、静かに集中したい人のためのサイレントルーム、読書テラスなどがある。free Wi-Fi へは、どの閲覧席からも自由に接続できる。

このほかにも、障がいのある人や高齢の人が読書を楽しむことができるように、ユニバーサル資料や大活字本コーナーを設けたり、文字拡大機などの補助器具を貸出したりしている。

二〇二一年四月からは、高校生等の要望を受け、開館時間を延長した。平日は九時から二〇時まで、土日祝日は九時から一九時までである。朝の開館が、専門店舗側の開店と同じ時刻となったことで、買い物ついでに立ち寄る利用者が増えた。また、夜の開館時間の延長については、「仕事帰りに立ち寄れるのが嬉しいです」、「平日二〇時まで開館しているので、勉強するのにとても助かっています」「迎えを待つ時間として使えています」などの声が寄せられている。

まちづくりと郷土文化の継承のために

当市がめざす「ノーマライゼーションという言葉のいらないまちづくり」は、防災・減災のまちづくりを進めるとともに、障がいのある人もない人も、若者も高齢者も、地域で暮らす人も観光や支援で訪れる人も、誰もが快適に過ごせるまちづくりに取り組むことである。

館内には、当市の特色である東日本大震災資料（修復された被災資料を貴重文庫として併設）や郷土資料、ユニバーサル資料、ＳＤＧｓ資料

くらしを楽しむコーナー①

くらしを楽しむコーナー②

大活字本のコーナー

サイレントルーム

（二〇一五年に総務省からＳＤＧｓ未来都市に指定）などのコーナーを設け、まちづくりと郷土文化の継承のための資料の収集・活用を図っている。資料の活用にあたっては、市関係課や関連団体と協力・連携して取り組んでいるところである。二〇二一年度に実施した内容は、図２のとおりである。

信頼を得るために

来館した人が、「来てよかった」「また、来たい」と感じ

東日本大震災資料コーナー
（貴重文庫は右側ガラスケースに）

ＳＤＧｓ資料コーナー

図２　まちづくりに取り組む市関係課や関連団体の事業への協力・連携状況
（2021年度）

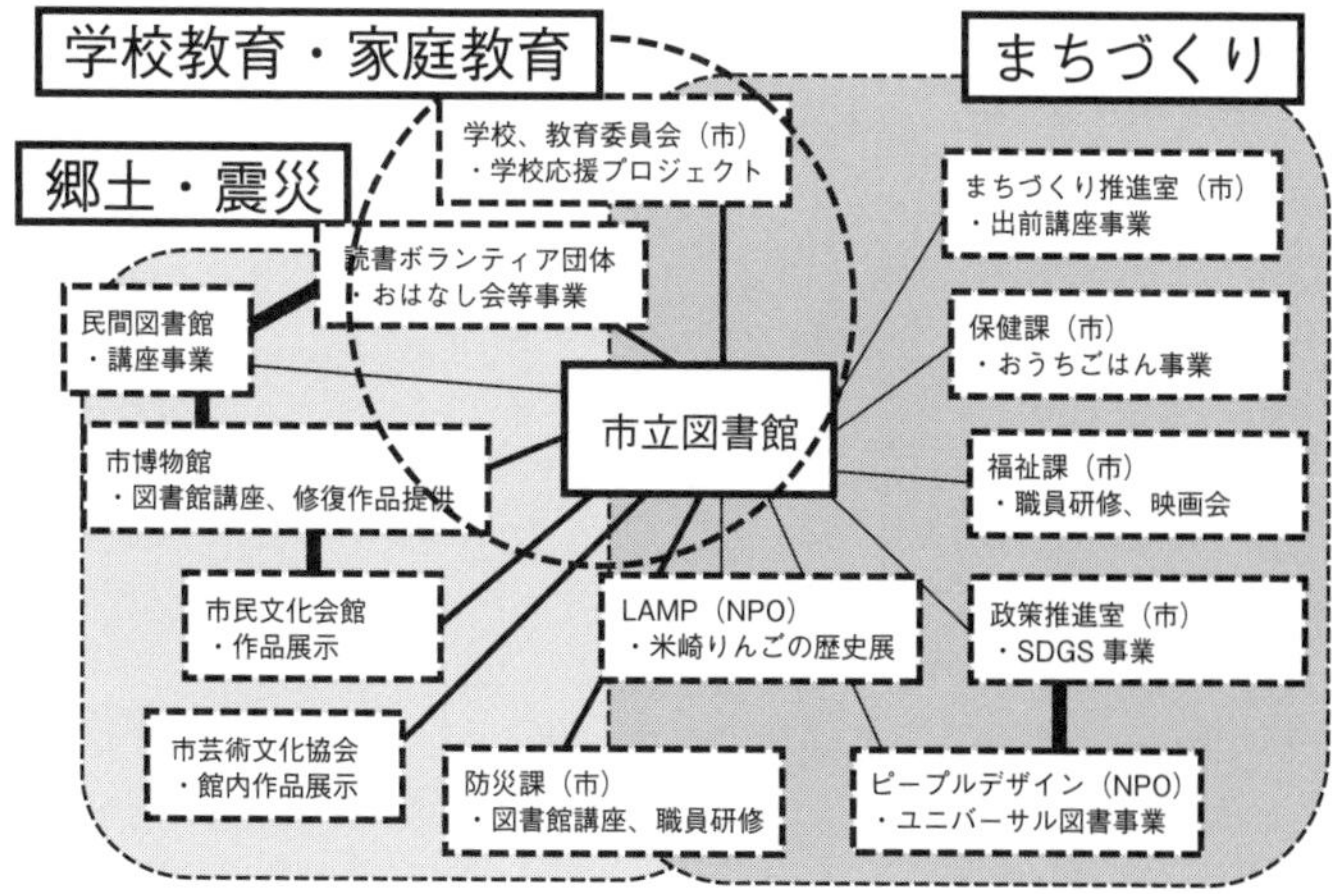

られるように、誰に対しても親切な接遇に心がけるとともに、レファレンス業務を重視している。図書に関することだけでなく、まちの「情報センター」としてさまざまな質問や相談に応えられるように、話をよく聴き、誠実な対応に努めている。

- 「分からないことがあって相談すると、すぐに応えてくれて助かっています」（一〇代女性）
- 「いつも丁寧に対応していただき、ありがとうございます。子どもが本を探しているときも優しく声をかけていただき、一緒に探してもらいました。とてもありがたかったです」（三〇代女性）
- 「こちらの注文に応じ、かなりの時間をかけて調べてくれて、とても嬉しく感じました」（六〇代男性）

利用者から寄せられた感想である。

利用者第一に考え、信頼関係を構築することをめざしている。

3　子どもの世界と市立図書館

（1）子どもの居場所として

図3は、震災後の岩手県内の児童生徒の状況について、「心とからだの健康観察」の調査から見たものである。当市の児童生徒は、沿岸部児童生徒の項目に含まれる。この調査は、岩手県教育委員会が、震災によるストレスの状況を把握し、被災した地域の児童生徒の心のケアを図ることを目的に、毎年、実施しているもの

である。

その結果、要サポートの児童生徒の割合（優先的に教育相談したい子どもの割合）は、一〇年が経過したのちにおいても、沿岸部の子どものほうが依然高い状況にあること、震災を経験していない小学一年生の子どもも、同様の結果であることがわかった。

このような状況からも、引き続き、子どもの心のケアに配慮し、「居場所としての図書館」の役割が重要であると考えている。

〈基本方針〉

「子どもの成長を支え、子育てを応援する図書館」

- 乳幼児期から読書に親しむ環境を作る。
- 子どもを連れて来館する方のための環境を整え、親子で過ごしやすい空間を作る。
- 読書や学習、集いなど、児童生徒の居場所となり、豊かな成長に寄与する。
- 移動図書館による貸出や、おはなし会の開催、学習で使用する資料の貸出など、積極的に学校図書館を支援する。

図３　震災後の児童生徒の状況（岩手県）

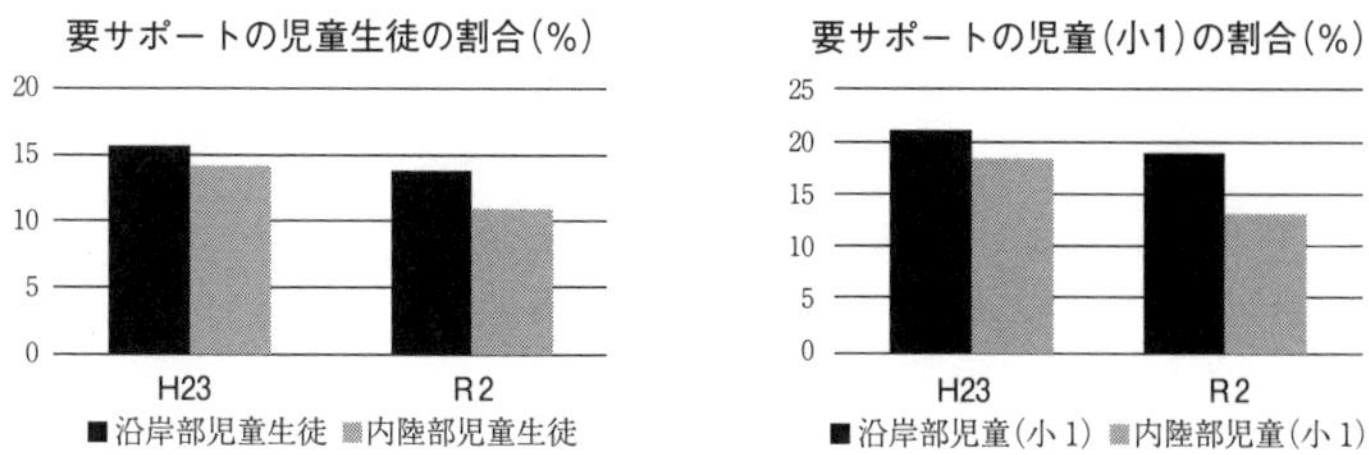

（2）児童コーナーの特色

児童コーナーを真ん中に

児童コーナーは、図書館の真ん中に設けている。子どもにわかりやすく入りやすい場所である。大きな丸窓からは、陽光が差し込み、床は黄緑色、書架と家具はアイボリーで、明るさを感じる空間となっている。書架や家具は、子どもが使いやすいように、体の高さに合わせている。

このコーナーは、児童のエリアと乳幼児のエリアの二つからなっている。サービスカウンターの前にあるので、職員がつねに見守ることのできる安心・安全な場所である。また、サービスカウンターは、大人と子ども・車椅子用を組み合わせたものが二か所あり、それぞれの間には通路を設けている。子どもをはじめ、利用者の状況に応じて、柔軟な対応が可能である。

乳幼児期からの読書のために

乳幼児のエリアには、親子（家族）がゆっくりとふれあえるように、絨毯敷きの「おはなしの部屋」を設けた。靴を脱いで、ゆっくりと絵本などを広げ楽しむことができる。近くには、親子トイレや、授乳室、手洗い・水飲み場、子

児童コーナー（児童と乳幼児のエリア）

サービスカウンター

どもと並んで座れるソファーやクッション、屋外で読書したり遊んだりできる、芝生の中庭「おにわ」などがある。

絵本は、豊富に揃えている。乳児から幼児まで、その発達や興味に合わせて、簡単に絵本が選べるように分類して並べている。「おはなしの部屋」の周りには、通常の絵本のほかに、赤ちゃん向け絵本、昔話の絵本、しかけ絵本、知育の絵本（自然科学、迷路や間違い探し）、大型絵本などがある。できるだけ多くの絵本の表紙を表にして展示し、興味をもってもらうようにしている。

また、絵本の読み聞かせの魅力が伝えられるように、読書ボランティア団体や関係機関と協力して、読み聞かせのイベントなどを行っている。定例のおはなし会（毎月）や季節に合ったスペシャルおはなし会（子どもの日、夏休み、クリスマス）、ブックスタート（乳幼児健診時の読み聞かせの楽しい体験や絵本のプレゼント）など、さまざまな機会をとらえ、おはなしの世界を楽しんでもらっている。

二〇二一年度からは、「子どもも大人も笑顔になる絵本読み聞かせ講座」を開始した。読み聞かせを通じて、親も子どもも心が満たされ、互いの絆を深めるお手伝いとして始めたものである。企画展示「読み聞かせによい絵本」や「親子で学ぶＳＤＧｓ×絵本」では、関心を示す人が多く、連日たくさんの絵本の

おにわ

おはなしの部屋と絵本

貸出があった。

児童生徒の豊かな成長のために

児童用のエリアには、集中して読書や勉強ができるように、四つのブースを設けた。周りには、必要な本を簡単に選べるように、学習の本や学年に合わせた読み物などを分類して並べている。できるだけ多くの本の表紙を表にして展示するとともに、写真や実物など資料を展示し、より興味が湧くような工夫をしている。本を探す検索機や読書の記録記帳機なども設置し、自分で調べる楽しさや、読書の記録帳に本が貯まる喜びを味わえる。コミックや科学雑誌、スポーツや趣味などの楽しい本も揃えているので、誰でも気軽に利用できる。

また、児童の興味・関心に応じてさまざまな学習の機会を提供するため、市立博物館と連携し郷土に関するイベントを行っている。二〇二一年八

おはなし会（おはなしの部屋）

夏のおはなし会（パブリックスペース）

絵本読み聞かせ講座（パブリックスペース）

企画展「親子で学ぶSDGs×絵本」

月の夏休みには、郷土の自然をテーマとした講座「図書館で生きもの博士をめざせ！」を開催した。実際に昆虫の生体等を観察し、図鑑を使いながら、名前を調べる方法を学ぶものである。このほかにも、キャリア教育の一環として、二〇二二年一月の冬休みには、「小学生のための図書館お仕事体験」を開催した。司書に憧れる小学生が参加し、図書館の仕事の理解を深めた。

中学校や高校の生徒には、ティーンズコーナーを設けた。読み物だけでなく、職業、生き方、学習・教養、勉強法、スポーツ・音楽活動などの本、雑誌がある。開館時間を延長したこと、free Wi-Fiに自由に接続できること、読書テラスのように仲間と交流できる場所があることなど、便利な環境となったことで、青少年の利用が増えている。

閲覧ブース

展示の工夫

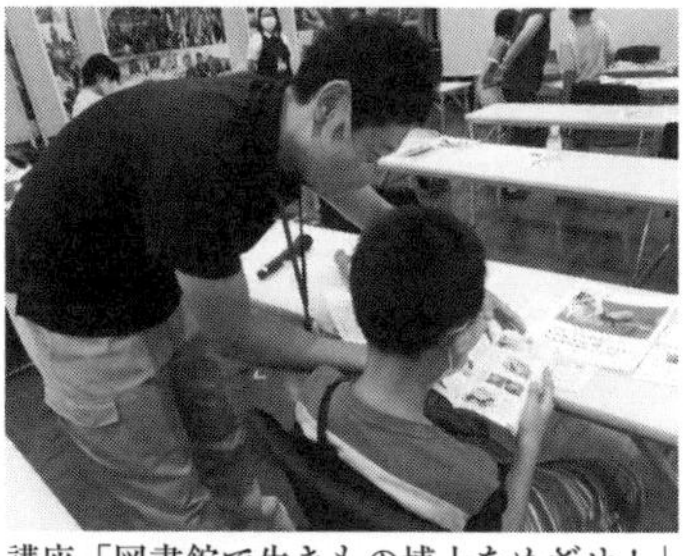

講座「図書館で生きもの博士をめざせ！」

ティーンズコーナー

（3）関連として——学校図書館について

市立図書館とともに、児童生徒の読書活動を推進する、小中学校の学校図書館の様子について紹介する。当市の小中学校においては、二〇〇九年に策定された子ども読書プランにもとづき、さまざまな読書活動の取り組みが活発になされてきた。震災後は、学校図書館が、児童生徒の居場所としての役割も担っているところである。

新しく建設された小中学校においては、図書館が児童生徒の居場所となるように、さまざまな配慮がなされている。特徴的なこととしては、どの学校においても、図書館が児童生徒の生活の動線にあること、気軽に入館できるオープンスペースであること、さまざまな種類の本を揃え、誰もが読書を楽しむことができることである。

高田小学校①　昇降口の先が図書館

高田小学校②　オープンスペース

気仙小学校①　オープンスペース

気仙小学校②　居心地のよい空間

（４）市立図書館のこれから

これから市立図書館がめざしていくことは、基本理念にもとづき、「子どもの成長を支え、子育てを応援する図書館」を充実させていくことである。子どもの居場所としての図書館を重視しながら、乳幼児期からの読書に親しむ環境をつくることや読書や学習などで、児童生徒の豊かな成長に寄与することである。

乳幼児期からの読書に親しむ環境づくりについては、これまでの取り組みを継続するとともに、絵本を通した親子（家族）のふれあいや愛情を育む心豊かな時間として、さらには、絵本をきっかけに感性や知性を育む時間として教育普及活動に努め、積極的に子育てを応援していきたいと考える。

また、読書や学習などで、児童生徒の豊かな成長に寄与することについては、市教育委員会や学校との連携のもと、二〇二一年一〇月より学校図書館を支援する「学校応援プロジェクト」を開始したところである。児童生徒の読書や探究学習をはじめ、先生の指導や家庭の子育てのための図書情報等を積極的に提供する取り組みである。学校、家庭・地域における教育への支援を通じて、本市のめざす教育の将来像「郷土で学び夢を拓く、心豊かでたくましい人づくり」

高田東中学校①　オープンスペース

高田東中学校②　教室と図書館をつなぐ大階段

に寄与していきたいと考えている（表2）。

表2　本市のめざす教育の将来像

『郷土で学び夢を拓く、心豊かでたくましい人づくり』 本市には、豊かで美しく、時に厳しい自然と先人が築いてきた優れた歴史・文化があり、この自然と文化の中で培われた、進取の気性や、粘り強く、あたたかい市民性がある。また、困難な環境の中にあっても、「人づくり」を大切にしてきた土壌がある。 この自然と歴史・風土・文化の中で、あらゆる困難を乗り越えて脈々と受け継がれてきた、たくましくも心あたたかい人間性は、市民の優れた持ち味として今なお健在である。 また、常に学ぶ心を持ち、ふるさと陸前高田への誇りと限りない愛着、新しいものを受け入れ、かつ創造性を生み出す気風がある。 21世紀に生きる私たちは、市民一人ひとりの個性を生かしながら、生涯にわたって自分自身に磨きをかけ、ふるさと陸前高田の限りない発展に関わりを持つことが必要である。

出所）陸前高田市教育委員会［2019］

おわりに

本稿を終えるにあたり、まとめとしたいことは、陸前高田市民が、今も昔も、図書館に親しみをもち、「図書館を通した人づくり・まちづくり」を重視するということである。

図4は、これまで述べてきたことを、イメージ図に表してみたものである。

これからの、市民の心の復興とまちの発展に寄与する図書館として、また、将来のまちづくりを担う人材である子どもたちのために、子どもが育つ図書館として成長し、その役割を果たしていきたいと考える。

図４　市立図書館と子どもの世界

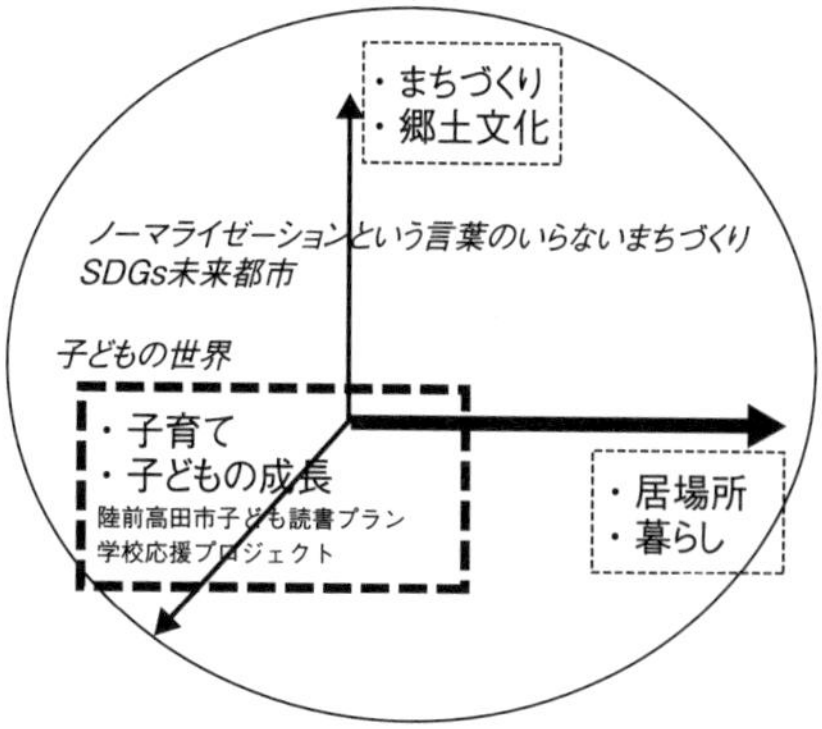

文献一覧

東海新報社『こころの情景　思い出写真館』二〇一二年
陸前高田市教育委員会『陸前高田市子ども読書プラン　読書の森への誘い』二〇〇九年
陸前高田市教育委員会「新陸前高田市立図書館整備基本構想」二〇一五年
陸前高田市教育委員会「第９次陸前高田市教育振興基本計画」二〇一九年
陸前高田市史編集委員会編『陸前高田市史』第七巻宗教・教育編、一九九八年

「高田の保育」の散歩コースを歩く

佐々木利恵子・大門正克

大門　「高田の保育」にとってのお散歩の位置について、佐々木さんが体験したことに即して、お話をうかがいたいと思います。　佐々木さんには、二〇二一年一二月のフォーラムのときと昨日（二二年五月）、子どもたちのお散歩コースをガイドしていただいて、保育所の「お散歩マップ」に記されたほとんどの場所をめぐることができました。まず、お散歩には、いつ頃から力を入れていったんですか？

佐々木　私が働きはじめた一九八〇年頃は、高田保育所では、あまりお散歩をしていませんでした。私は、最初に仙台の保育所で三年勤めているのですが、そこで散歩をよくやっていたんです。そういう基礎があったので、高田に戻って来たときに、あれっ?と、すごく違和感がありました。

その後、ちょっとずつ散歩に行くようにはなるのですが、「公園に行きます」とか、今から思うと、カッチリした散歩だったかもしれないですね。当時は、子どもたちの受け持ち人数が多かったこともあったので。

大門　今のようなかたちのお散歩になったのは、いつ頃からですか？

佐々木　働きはじめて八年目ぐらい、小友《おとも》保育所から高田保育所に戻った頃ですね。やはり仙台での経験が大きいですね。

大門　仙台の散歩のスタイルは、今の「高田の保育」と近かったんですか？

佐々木　そうですね。当時でも、意図的に異年齢での交流を考えた縦割り保育なども取り入れていましたし。

大門　そうだとすると、仙台での経験をもっていった佐々木さんが、八年目ぐらいのときに「高田の保育」のなかに散歩をだんだん入れて、広げていったという感じですか？

佐々木　そこまででは、ないですけれどね（苦笑）。当時の高田保育所には、三〇代の私たち保育士が三人いて、ほかには五〇代の保育士がいる職員構成でした。もちろん「あぁステキ、こういう保育したい、ああいうふうになりたいな」という先輩もいたんですよ。

でも若い人が少なかったから、一緒にやろう、という雰囲気ではありませんでした。そこに三〇代の熊谷恵子さんが転勤で来て、四人になったあたりが変わり目だったように思います。

大門　八年目以降になると、「高田の保育」の行事のなかに、散歩以外にもいろんなものがだんだん出揃ってくるのですか？

佐々木　そうですね。

話が前後しますけれど、仙台の職場は、職員会議で何でも話せる雰囲気だったんです。若い保育士にも「どう思う？」と意見を聞いてもらえて——平均年齢が若かったからですけれど——発言できて、「あぁ、いいね」と言ってもらえる。そういう雰囲気だったので、高田に戻ってきたときに、すごくギャップが大きかったんです（苦笑）。仙台のときのイメージで、「こういう感じですよね？」と職員会議で言ったら、一歳下の私より先に入っていた同僚に、「よく会議であんな発言できるね」って驚かれて（苦笑）、あぁ、そういうものなのかと思ったりしました。

大門　文化が違いすぎました？

佐々木　違いましたね。

大門　でも、最初はそうだったけれど、八年目以降になると、散歩だけじゃなくて、職員会議なども少しずつ変わってきたわけですね？

佐々木　そんな気がしますね。

大門　「高田の保育は過程を大事にする」という言葉は、いつ頃から使っていましたか？

佐々木　言葉が使われるというか、「過程大事だよね」というのは、個人的に思っていることじゃないですか。この言葉は、「今泉保育所で『クラス便り』にこう書かれていました」と大門さんが見つけてくださいましたけれど、私は、子育てとか保育は、過程が大事だなって思いながらやっていたので。

熊谷さんはそういうことを、同じように感じてるんですよ。

大門　なるほど。それが何かのかたちで伝わって、ほかの人も「クラス便り」に書くようになったのでしょうね。

佐々木　保育観で共通する人がいると、共有できるものが大きく広がっていきますよね。

大門　保育所を修了する子どもたちのためにつくられた『修了文集』を見ますと、一九九〇年代になってお散歩のかたちがだんだんできてくるように思えます。お散歩のかたちができてくるのは、佐々木さんが高田で保育士を始めて八年目以降のこと、一九九〇年代に入ってからで間違いないでしょうか。

佐々木　そうですね。その頃からです、よそのクラスとも一緒に散歩に行ったり、担任が声をかけあって、行事でこういうことをするけれど一緒にどう？と取り組むようになったのは。以前は「自分のクラスを守ればいい」という保育だったんですけれどね。

大門　今の話を聞いていると、保育全体のなかで散歩の比重は、思っている以上にだんだん大きくなっていく感じですか？

佐々木　大きくなっていったんですねぇ。

大門　散歩の比重が大きくなって、ほかのクラスとも一緒に行くようになれば、事実上の縦割り保育みたいですし、そして、地域の人ともかかわれるし、自然ともかかわれるし……。

佐々木　保育者も、得意分野と苦手分野があります。自然分野が得意な人は、一緒に散歩に行ったときにいろいろお喋りしますし、得意じゃなくてもそこからのめり込んでいく人もいて、「この花は……」って言われると、「あぁ、そう」と知識をどんどん吸収していくこともあります。そうではなくて、さらっと話す人もいますしね。

大門　そういうかたちで保育士のなかにも、少しずつ自然や地域とかかわるお散歩が広がっていったという面はありますか？

佐々木　ええ、ありますよ。

大門　そうすると、一人だけで、佐々木さんが「匠の技」をもっているというわけでもないんですね。

佐々木　はい、そういうわけではないですね。

散歩は下見が大事なんです。職員がまず見に行って「もう草刈ってあったよ、子どもたちが歩いてもだいじょうぶ」と確認するだけではなくて、地域のあちらこちらから「ここに、こんないいところがあるよ」とか、「あそこ、草刈り終わったよ」という情報が入ってきて、「じゃあ行けるね」ということもありました。保護者や地域の方が子どもたちが散歩に来るのを楽しみにしていたんですよね、きっと。

大門　二〇一九年の陸前高田プレ・フォーラムのときには、「過程を大事にする」という場合、節分など行事の位置づけが重要なのでは、と思っていたんです。高田保育所の「保育目標」の最初に「生命《いのち》」が出てきますよね。考えてみると、節分では、「生命」までなかなか届かないですよね。ところがお散歩を通して考えてみると、「生命」を含めて「保育目標」のだいたい全部がつながるんですよ。

佐々木　つながりますね、はい。

大門　だから、「高田の保育」は、お散歩が軸となって「保育目標」がある。自然との接点としては野菜などを育てる「明るい農村」の取り組みもあるんだけれど、保育所の畑で野菜などをつくるだけじゃなくて、外に出て自然とふれあうことに大きな意味がある。昨日案内してもらった川原川公園は、震災後に整備された場所ですが、周辺には以前からの自然が残っていて、自然にふれあうお散歩と「生命」の関係をまだ感じることができると思いました。

佐々木　そうですね。

大門　「高田の保育」のような散歩をやっているところは、ほかにもあるのですか？

佐々木　自然を題材にするといったところはありますね。掘り下げ方はいろいろですけれど。ただただ距離を歩くという保育所もあります。そのあたりの基本的な考え方が、私たちからすると「えぇー？」という話で、「年長だけど一時間半歩きました！」とか言われると、散歩を通してめざすところが違うのかな？と思ったりしますけれどね（苦笑）。

大門　「保育目標」には、「生命」のほかに、「健康」それから「心」も記されています。「心豊かなこと」は、最初は一般的なイメージでしかわからなかったのですが、お散歩をふまえると、すごくよくわかる。「生命」は、「健康」そして「心」が育っていくこと。散歩のなかには、問いかけと話し合いがあって、地域の人たちともつながっている、そうすると「地域」「自然」「保育」が結びついていく。また、お話をたくさん読むことが、お散歩をより楽しくしていて、「心豊かに」というところにつながっている。「過程」をお散歩のなかにつくりだすことや、散歩を軸にしての保育の取り組みを行うことを、こんなふうに理解できるのではないかと、なんか自分なりにすごく得心した気がしたんです。

佐々木　深いですね（笑）。みんなつながりますよね。

大門　そうなんですよ。みんなつながっているんです。やっぱり見事だと思いますね。

去年の一二月にガイドをしていただいたときは、実際の散歩の様子が少しわかったし、震災後に整備されて新しくなった川原川公園と震災前から残っている本丸公園など、震災によって断ち切られたものと残っているものを上手につないでいることも、すごく印象深かったんです。地域によっては、散歩コースがなくなったところもあるかもしれないけれど、お散歩は消えてはいない。

そして、去年は冬で、昨日は春だったわけですが、生き物とか緑とか、お散歩も時期によって——時期は季節だけじゃなく、震災前後も含めて——変わっていて、お散歩自体が毎日同じではなくて、何か新しい要素がある。二〇二一年のフォーラムで保育士の中野亜紀さんが言われた工事現場の人と子どものかかわりあい（第3章参照）のように、新しいものを取り込んでまた散歩が続いていくという、まさに「過程」を大事にして、その取り組みが続いてさらに発展していくという「過程」のもつ意味は、昨日ガイドしてもらったときに、とってもよくわかりました。現在進行形で行われている散歩には、日々新しくなる側面があると感じたんですよね。

だから、次代に受け継ぐという点では、すごく難しい課題もあるでしょうけれど、ガイドをしながら佐々木さんが話してくださったように、川原川での散歩を工夫して、はじめて見る魚や植物を子どもたちが図鑑で調べて確認するために博物館の学芸員さんに来てもらったりして、新しい状況に応じて取り組みが行われるようになると、受け継がれていくんじゃないかなと思いますよね。

佐々木　そうですね。

大門　話をまた高田保育所でお散歩が盛んになった転換点の八年目（一九八八年）以降に戻しますが、一九八八年ぐらいから九〇年代ぐらいが、行事とか問いかけなど、「過程を大事にする」といったことが保育のなかにいろんなかたちで取り込まれて、「高田の保育」のかたちができてくる時期だと言えますよね。佐々木さんや熊谷さんが保育士八～九年目ぐらいになっての取り組みは、それ以前と比べたときに何か感覚として違いましたか？

佐々木　うーん、なんですかねぇ……。やっぱり職員構成も違いますよね。当時の所長は新しく市役所から来たのですが、「まずやってみたら？」って言うんですよ。職員会議でも、その頃は私たちも年齢が上になってきているので、話しやすい雰囲気（下の人たちにとってはわからないですけれど）になっていたし、所長が、まずやってみたら？何かあったら自分が責任とるから、という方だったので。

大門　理想の上司ですね。その所長は市職労関係の人というわけでもなく？

佐々木　ではないです。人柄ですね。いまだにお付き合いがあるんですよ。その前の代の方たちは、いかんせん保育士の経験があるものだから、私たちが新しいことをしようとすると「そんなこと！」という反応だったのですが、その方は、頭ごなしじゃなくて、「自分はわからない。だからまずやってみたら？責任は自分がとる」と。ありがたいことですよね。

大門　人間として大きい人ですね。

佐々木　たとえば、保育所の横に栗の実が落ちてくる山があるのですが、子どもたちが雨上がりのときに、そこにダムをつくったんですよ。その所長さんは「危ないから」と止めたりしないで見てくれましたね。普通、スコップ持って掘り出したら山が崩れるとか言いたいところでしょうけれど。そういう方だったので、私たちもしたいことが、のびのび好きなようにできたかなぁと思います。

行事に関しても、これは子ども主体の活動じゃないですよね?と言っても、「そんなことはない、今までやってきたんだから」と片づけられていたところが、「まぁ、たしかにそうだね」と受けとめてくれるんです。
高田町の夏の一大行事の「動く七夕」の保育所版を行っていたことがあるのですが、大人の作業が多くて子どもが参加する作業は少なかったんですね。街のなかを引っ張って歩くと地域の大人たちは喜んでくれるんです。「やぁ、来た来た」って。でも大変なんですよ、暑いときに山車を引っ張って歩く、しかも自分たちがあまり手をかけていないものを。もちろん、高田の子にとって「動く七夕」は特別なものです。それはそれでいいのかもしれないけれど、でも、それこそ「過程」がないじゃないですか。大人がやるからね(苦笑)。
それよりは、もっと楽しめるものがあるんじゃないの?ということで、「ぴかぴか祭」に移っていったんです。でも、もし上の人から「今までどおりでいいから」と言われたら、変えられなかったかもしれないです。すごく理解してくださいましたね。

大門　「保育目標」に「生命」という言葉を入れるのは、普通はなかなかないような気がします。「心豊か」はあると思うんのですが。これは、佐々木さんが掲げた言葉なんですか?

佐々木　私ということではありません。とくに意識したことはないのですが……、ただ虫や植物って、総じて「生命」につながりますよね。たとえば、お散歩で少し山のなかに入っていくと、木の根っこが見えていたりします。それで、「これはなんだろう?」という問いから始まって、この根がこんな大きい木を支えているんだよね、という話をしたりします。そういうことは大事ですよね。

大門　そうすると、「生命」という言葉自体は日常的に使うわけではないけれども、お散歩をはじめとして保育所で取り組んでいることは、おのずとそこに「生命」の連鎖や循環といったことが含まれるということでしょうか。

佐々木　そうです、そうです。大きい枠のなかに「生命」にかかわるいろんなものが入っている。だから特別「生命」を意識するわけではないんです。

去年、ヘルプで保育所に入ったとき、高田保育所の職員から聞いたんですが、飼育していたうなぎだったか小動物が死んでしまって、子どもたちに「どうする？」と相談したら、やはりいろんな意見が出てきたそうです。そうしたら、「川原川にきっと家族がいる」と。

大門　おーっ、出ました！

佐々木　そう（笑）。だから、そこに戻してあげるのが一番いいということで、その一匹のために、川原川までの急な坂道を歩いて行って、弔って、みんなで拝んで帰ってきたそうなんです。そういう時間や労力を惜しまずに、大人が付き合うことも大事ですよね。

大門　惜しまないこと、大事ですよねぇ。おたまじゃくしの話と同じですね！　飼っていたおたまじゃくしが死んだときにどうしたらいいか、子どもたちがいろんな意見を言って、お母さんのいる場所に返してあげようという案が採用された（第3章参照）。

佐々木　そうですね。なんか、あらーっ！と私もおたまじゃくしの相談を思い出しました。

大門　田んぼに返しに行ったら、今度はカエルの卵を見つけてきて（笑）。自然とふれあうと「お土産」がいろんなかたちで出てくるんですよね。

佐々木　そう、だから、目標に「生命」があるから特別そのためにする保育ではないんです。

大門　「生命」が目的になっては、たぶんダメですよね。

佐々木　そうだと思います。

大門　今の話もそうですが、お散歩を軸にした「高田の保育」は、間違いなく蓄積されているものがあって、佐々木さんの後輩の保育士さんたちに受け継がれていると感じます。それが次代の保育士さんたちにも伝わって、「高田の保育」がつながっていくことが、すごく大事だと思いました。本日は、ありがとうございました。

第Ⅲ部

陸前高田の歴史とあゆむ

第5章

地域の姿を記憶・記録する

――多様な試み

河西英通

はじめに

二〇一一年三月一一日に起こった東日本大震災により、多くの歴史資料が被災したが、復旧されたものもある。一九九五年に岩手県登録有形文化財に指定されていた吉田家文書もその一つである。蔵書・郷土資料すべてが被災した陸前高田市立図書館から「定留」全九五冊を救出したのは、陸前高田古文書研究会の皆さんだった。「定留」は一七五〇（寛延三）年から一八六八（明治元）年までの大肝入（大庄屋）の執務記録であり、一九八九年に発足した吉田家文書解読会が二〇〇四年に陸前高田古文書研究会となり、市からの解読委託事業を進めていた。九五冊のうち九三冊まで解読を終えていたところ、津波によって筆耕原稿は流失したが、奇跡的に原本すべてを回収することができた。その感動的な情景は『文化財を救え――郷土の歴史を後世に伝えるために』（A４判・全六七頁、同研究会発行、二〇一二年）に詳しい。

吉田家文書レスキューの陰でもう一つ貴重な資料が見つけ出された。一九九二年度気仙中学校（二〇一八年三月閉校、その後第一中学校と統合して、高田第一中学校となる）三年A組の「気仙町内の方々の津波体験記」である。生徒たちが先人から一九六〇年に起こったチリ地震津波の体験を聞き取りした記録である。気仙中学校は大震災後「奇跡の一本松」と呼ばれた高田松原の松の木と気仙川をはさんで向かい立っていた。屋上にまで達する大津波に襲われ、校舎は全壊したが、幸い生徒と教職員は全員無事だった。被災二〇年近く前に作成された「津波体験記」も無事だった。きわめて象徴的な救出劇である。

1　『広報陸前高田』『広報りくぜんたかた』の記憶・記録機能

陸前高田市は一九五五年一月一日に八町村が合併して誕生した。「昭和の大合併」の一つだが、歴史的に高田町を中心とする気仙郡は帰属問題で大きく揺れた。明治維新以前、気仙郡は仙台藩領だったが、一八六九年には花巻県・江刺県、七一年には一関県・水沢県、七五年には磐井県、七六年には宮城県・岩手県と帰属が目まぐるしく変わった。一九四八年には岩手県から宮城県への編入の動き、「気仙郡〝入婿説〟」と呼ばれる出来事もあったが〔陸前高田市史編集委員会編　一九九六：五二六〕、編入話は立ち消えになり、五四年に高田町外七ヵ町村合併促進協議会が結成され、翌年陸前高田市誕生となる。

歴史資料としての広報誌

市制施行直後の一月一五日付で『広報陸前高田』（月刊）が創刊される。一九七三年には『広報りくぜんたかた』と改題され、二〇一〇年一二月一日付第八六八号までが市立図書館に所蔵されている（CD版、欠号あり）。震災直後の二〇一一年三月一八日付から一〇月二六日付までの臨時号、および二〇一二年一月一五日付第八八一号以降の通常版（PDF版）は市のホームページで閲覧できる。二〇一七年一月号は「広報りくぜんたかだ創刊1000号」を特集し、臨時号一〇七回分の全紙面も紹介している。

一般的に自治体が出している広報誌は、事務的な性格に制限されて、歴史資料として顧みられることはあまりないが、『広報陸前高田』『広報りくぜんたかた』（以下、小論では『広報』と総称する）はすこぶる興味深い。というのは、「気仙風土記」という名物コーナーがあったからである。

「気仙風土記」の語り

一九五五年二月七日付第二号以降二〇二〇年九月二日付第一〇八三号まで、二〇一一年から二〇一四年までの四年間の休載期間（二〇一四年四月一日付第九五八号から再開）を除き、約六五年間ほぼ『広報』全号に三段ないし四段、後半は一頁建ての「気仙風土記」が掲載されている。「気仙風土記」ははじめ「市内伝説めぐり」と題したが、市内各町一巡後の五六年一月に「市内風土記」と改題し、さらに六七年七月から「気仙風土記」となる。第二号「市内伝説めぐり（其の一）」の冒頭で編集子は執筆を当時高田高等学校教諭で気仙郡郷土史家の金野《きんの》静一（大船渡市出身、一九二四〜二〇一二年）に依頼したと説明している。

のち『陸前高田市史』を監修し、岩手県立博物館長や岩手県文化財保護審議会長なども歴任する金野は、二〇二〇年九月までの全六八四回の連載終了時まで執筆を続け、挿絵は村上（斎藤）多美子・佐々木千寿・

八木愛子・柳下彰平が担当した。初回は「気仙町の巻（百足塚の話）」である。「『ベーゴ　ベーゴ　角ベーゴ長部《おさべ》のベーゴに負けんな』この地方の子供達は牛が通るのを見ると必ずこう歌いはやします」と始め、「『長部のベーゴ』は何故こんなに有名なのでしょう」と問いかけて[1]、牛馬二元論をこう説いている。

> 「源平の戦」で誰でも知っている平家の持つ文化は、これを家畜飼育史上から見ると、明らかに「牛の文化」なようです。これに対して源氏の持つ文化は「馬の文化」だと見る事が出来ます。牛は従順で力もありますが、馬に比べて「スピード」という点に於いては到底かないません。〔中略〕歴史の流れは刻、一刻早さを増して来ます。加速度を増してくるのです。従って優雅で着実ではあるが、速度のない牛文化の平家は荒ケヅリではあるがスピードに於いて断然強い馬文化の源氏に時代の流れと共に敗北していつたと見るのは果して誤りでしょうか……。

牛馬文化論（東馬西牛文化論）については、溝口常俊の研究〔溝口　二〇〇二〕に詳しいが、平氏政権から源氏政権への変遷の背景として語っている点はユニークであろう。注意すべきは「百足」が牛馬の合計だったことである。金野は単純な東馬西牛文化論に立たず、圧倒的な馬文化圏＝岩手県における牛の分布に着目している。たとえば、戦前一九三三年、岩手県内で一〇〇〇頭以上の牛を飼育していたのは下閉伊《しもへい》・九戸《くのへ》両郡をはじめ四郡におよび、とくに下閉伊郡では馬数を凌駕していた〔同：一〇〕。

とはいえ、金野は理屈っぽい話に終始していたわけではない。牛文化との直接的関係は不明だとしながら、

「マアーツ、たまにはこんな話もい、ものです、皆でゆっくり読んで見て下さい」と、長部に伝わる貧乏な兄と金持ちの弟の悲劇的な最期を描いた伝説「百足塚」を紹介して、初回を閉じている。

「百足塚」のような兄弟（あるいは姉妹）優劣話は「完形昔話」と呼ばれ、『陸前高田市史』第六巻・民俗編（下）〔陸前高田市史編集委員会編　一九九二：三七二―三七五〕にも所収されているが、「気仙風土記」で金野は初回をはじめ計三回取り上げている。二回目は二〇一〇年一二月一日付第八六八号の「地名と歴史（１００）」であり、三回目は二〇一一年五月一九日付第一〇九九号の終了記念「百足塚の話」である。「百足塚」は、柳田国男が『口承文芸史考』（一九四七年）で取り上げている（「伝説の教えること」）ほか、古くは平泉研究で知られる高田村出身の医師相原友直が一七六一年の「気仙風土草」（『仙台叢書』第四巻、一九二三年、所収）でふれている。[2]

金野はなぜ初回に「百足塚」を取り上げたのか。それを解くカギは一九五五年一〇月一五日付第一〇号と同年一一月一五日付第一一号に連載された「道慶様の話（一）（二）」である。道慶こと村上織部道浄は陸奥国の戦国大名葛西氏の家臣であったが、豊臣秀吉の奥羽仕置により葛西氏が滅亡したため、[3]野に下り高田村（現高田地区）で西光庵という寺子屋を開いた。高田村を含む近世の三陸海岸は中国向け海産物「長崎俵物」の一大産地であり、俵物の盛況は海運業を発展させ、高田村と今泉村（現今泉地区）の間に流れる気仙川の鮭・鰻・鮎なども江戸向けの逸品となった。ここに気仙川の漁業権をめぐり両村が対立する。[4]村の有識者や役人が協議し、和解に努めたが、争いは止まなかった。道慶が動く。両村に教え子がいたので調停を試みた。だが事態は治まらない。このとき齢八六の道慶は両岸の住民に和合を求める最期の訴えをしたのち、自らの首を刎《は》ねた。切り離された首と胴体は気仙川の中央を流れた。河中を見た両村の住民は争闘の愚を知り、漁業権の折半で合意した。一六四四（正保元）年のことである。

金野はこうまとめる。

民衆は常に彼等の前に偉人、英雄の出現せん事を期待している。そしてその英雄は一片の私慾も名誉慾もない、いわば民衆の理想的な人間像であらねばならないのだ。彼、道慶こそは正に斯かる意味に於ける「郷土の先哲」として、いさゝかの遜色もない偉人と称すべきであろう。

ここで終わってもよいところ、さらに続ける。

気仙川を囲む各町村は長い間の郷村的地位から今や、歴史的大変革をとげようとして胎動している。我が郷土にとつて「大同団結」と云う事の必要性を今日ほど痛切に感ずる時はないであろう。そして今日ほど有能にして、私心なき英雄的指導者を必要とする時期もまたないのである。然らば一体「昭和の道慶」は今日、果して何処にいると云うのであろうか……。

金野は道慶について、一九六〇年四月一五日付第六四号に「道慶〝十七代目の子孫来市のこと〟」、六五年一二月二五日付第一三〇号に「放送劇脚本　道慶サマ」（六四年夏NHK岩手放送局「録音風物詩」で放送）を載せている。関心の強さがうかがわれるが、金野の頭のなかには、誕生間もない陸前高田市の地域対立や地域格差の問題が浮かんでいたことだろう。今ほど「大同団結」が必要なときはない。私心なき道慶はいずこに。牧歌的な語りではない。厳しい現状に直面する言葉だった。そう考えると、合併直後の初回にいきなり道慶自刎の話では衝撃的すぎるので、兄弟優劣話の「百疋塚」を載せたのではなかろうか。

金野の語りは好評を呼んだ。一九五六年六月一五日付第一八号に『広報』に関する世論調査の結果が載っているが、「興味のある記事は」に回答者九三三名中二七八名が「市内伝説めぐり」「市内風土記」をあげている。複数回答であるが、実に三割近くの市民が「気仙風土記」を楽しみにしていたことがうかがえる。

「気仙風土記」の世界

一九六二年一月一五日付第八四号の金野「風土記余聞　あいさつに代えて」によれば、連載は市制施行当時、税務課課長代決の伊藤斉から「何かローカル色のもので肩のこらない読み物を」と依頼されたのがきっかけだった。短期のはずが「おだてられたり」「激励されたり」するうちに長期化し、そのうち熱心な資料提供者も出てきた。読者は市の中心部より周辺部、男性より女性、若年層より高齢者が多かった。金野は「『夕食後、家内中でタクアンをかじりながら風土記をよんで笑いました……』という類の知らせを聞くと、いささかてれくさくはありますが、嬉しいものです」と喜びを隠さない。次のようなこともあった。

こんな事がありました。ごく親しい知人が「近所のガガサマ達が、先生のくせにあんなおかしい事バリ、書く人ア、なぞな人だか、見であし、話コ聞いてみてあから……」というわけで私を引ツぱり出しに来ました。〔中略〕行つてみると、待つていた人たちは、五十年配の〔中略〕御婦人連ばかり。「ナンダ、まだ若い人でがすト」「随分やせでんだねア、何食つてんだべ……」「昔の事バリ、書くから少なくも五十才以上と、思つたがねア……」「ははは……この人しか……やつぱり」

「近所のガガサマ達」との交流は偶然ではない。彼女たちは重要な存在であった。これより五年前、一九五七年一月一五日付第二五号「市内風土記について」で金野は、「文字に書かれたものでなく、代々口から口へと、口伝されたもの」を資料として扱う民俗学の場合、「書物による知識を持たぬ人、つまり文字を知らない人、特に婦人が最も貴重な資料の保持者」であると述べて、こう論じている。

今までの経験によれば、〔中略〕資料の保持者たる老婦人は多くの場合、決して日常を幸福に過ごしているとは思えないように見受けられました。と云うのは物質的にもそうかも知れませんが、それ以上に精神的には淋しい生活を送つていると思うのです。第一、周囲の人々が真に心からの話し相手になるよう心遣いをしている例があまりにも少いのではないかと思うのです。ですから私共が調査の為いろいろ話をしに行きますと、非常に喜んで迎えて呉れました。おかげで私の手元には、過去五年の間に、原稿用紙にして約五千枚の貴重な民俗資料が集められました……。

日常の幸福や淋しさをどう測るかはなかなか難しいが、金野が高齢の女性たちのよき「話し相手」になっていたことは想像がつく。金野は翌号でも次のように記している。「先日、拙宅に七十幾ツとかになるお婆さんが二人連れで尋ねて来た。聞けばこの市内風土記の愛読者だそうで毎月『広報』がくると、孫の中学生に読んで貰つて、それをまた『お茶飲み話』にして喜んでいるのだそうです」(一九五七年二月一五日付第二六号「市内風土記　続・放屁譚」)。

こうした交流があってこそ、「気仙風土記」は多くの読者を獲得できたものと思われる。こう書くと、金野は年長者のアイドルであり、彼らを情報源として重視していただけかのように誤解される恐れもあるので、もう少し彼の言葉を引用しておこう。金野は地域の歴史や民俗に「少しでも興味のある方は、大いに老人達と話合つて頂き度い」と述べたうえで、こう続けている。「日常の生活を淋しく暮している老人達を精神的に大いに慰めてほしいと思います。と同時に面白い話や珍らしい事などもは、チヨツピリで結構ですから記録に止めて頂ければなお結構です」(前掲「市内風土記について」)。

金野が耳を傾けたのは高齢の女性たちばかりではなかった。前年一九五六年七月一五日付第一九号「井戸端会議」は、「民主々義とやらが、流行の昨今はどこへ行つても会議ばやり」だが、「井戸端会議のような気楽な気分で話が出来ぬものか」「井戸端会議の話題には、好んで若い嫁がとりあげられるのは、この会議の議員?諸公は、多く姑の年配が、圧倒的に多い故であろう」ととらえている。そしてこう転じる。

古い封建的な、主婦権継承をめぐつての、家庭内のカツトウ〔葛藤〕は、とうになくなっておらねばならぬ筈である。〔中略〕姑の伝統主義と若い嫁の理想主義との対立以前の問題が多い。こんなことが「まさか…」と一笑出来る家庭は幸いだが、それ程ではなくても、これに似かよつた問題の暫々起る家庭も案外少くないのではあるまいか。市内のかか様方、嫁様方よ！貴女方の御家庭は如何デスか？

地域や家庭の話は一方からだけ聞いていていてはわからない。金野のねらいは言わば地域あげて、家庭あげての〈聞き取り運動〉〈話し合い運動〉の普及促進にあったように思われる。

ところで、「気仙風土記」の口調は必ずしも心地よいものばかりではなかった。読者にはカチンとくるものもあったはずである。一例として、一九六二年一二月一五日付第九五号と翌六三年一月二五日付第九六号に連載（当時は「市内風土記」）された「気仙衆は〝口やかましい〟」を読んでみよう。金野は「歴史的背景から気仙人の性格を浮き彫りにしてみたい」と述べて、「気仙衆は口やかましい」という評価を取り上げる。それは良く言えば、「正義感の強い野党精神」だが、悪く言えば、「ガンコ、無智」、地元の言い方では「アジヤラ」であった。近世にまでさかのぼって、その背景を四つあげている。

第一に、気仙地域が仙台藩の直轄領であったため、知行地に比べると、「縦の関係」より「横の関係」が強く、住民は「かなり言いたい事も言えたのではなかつたか」。第二に、人口密度が高かったので、生存競争は厳しく、「自我意識」が強くなり、「横の関係」がそれを助長した。言わば、口やかましさは「一種の自己防衛」だった。第三に、産金地ゆえ流入して来た採金技術者らや、他国より帰参した気仙大工や漁民など出稼ぎ者たちによって中央文化が持ち込まれた結果、「口やかましくて、頭が高く、ある点では独善的で、しかも頭の回転が早い。

これが気仙人の特徴とみられている」。第四に、逆説のようだが、外から流入した文化を「見せかけの文化」「都会の〝三流文化〟」とみなす、かつて中央から「海道夷」と呼ばれた蝦夷の末裔たちの「ガンコさ、精カンさ、反骨的気風」が依然存在している。

金野は結論として、口やかましさは「劣等感の裏返し」ととらえ、「健全な野党精神や、反骨性」は貴重だが、「独善性や他人の幸福や出世をおおらかに見すごす事の出来ぬ」点はいただけないと批判している。金野の地域へのまなざしには、こうした〈冷たさ〉もあったが、それは否定というより冷静さであった。たとえば一九七〇年六月二五日付第一八四号の「凶作哀話」である。金野は一九三四年凶作の悲惨な状況を振り返り、ある村の役場吏員の言葉をこう記している。

> 村の人たちは、とてもガマン強く私共が見ても、よく生きていると思うような人でも、役場の救済は受けたくないというのです。それは、昔からの伝統で、役場の施米を受けることは子孫の不名誉だと考えているのです。今でも喧嘩をすると「お前の先祖は、御手当米を食つたのだろう」と悪口を言います。

この話を受けて、金野は「絶対に役場の救済をうけまいとする村民のかたくななまでの自尊心と自主独立の精神。昔から御手当米を拒み続けた村の気風と人には迷惑をかけまいとするある意味では反骨精神……がよく伺えます」と論じている。凶作の陰にある精神構造への着目は、示唆的ではなかろうか。

「気仙風土記」は地元陸前高田市のみならず、広く岩手県内で高い評価を受けていた。一九六七年一一月二五日付第一五三号に花巻市文化財保護委員・奥羽史談会会員の熊谷章一は、同年五月に刊行された『気仙風土記　民俗百話』の書評「『気仙風土記』をよんで」を寄稿して、「一つの事項主題を一回で終わるよう工夫し、平易に表現するのには苦心が必要だが、金野の「長年の研究からくる学殖と文章のたくみさは人を引きつける」と称賛している。熊谷が指摘するように「気仙風土記」はほぼ一回完結のスタイルであったが、長期連載もあった。五回以上続いたのは、一九七〇年の「気仙言葉あれこれ」六回、一九七一年の「漁業小史」七回、一九七四年の「漁業民俗語い」六回、一九七八〜七九年の「年中行事」一二回、一九八〇年の「気仙の変遷」二〇回、一九九〇年代後半から二〇〇一年の「日露戦争と氷上郷」四〇回（最終回未確認）、二〇〇二年頃から震災をまたいで二〇一六年まで「地名と歴史」一三五回、二〇一六〜一八年の「説話群」一六回、二〇一八〜一九年の「民譚」二一回である。

「気仙風土記」の問いかけるもの

金野の筆致は優れていた。読ませ、笑わせる。しかし、「気仙風土記」の魅力は文章だけではなく、挿絵にもあった。前記金野「風土記余聞」の下に柳下彰平「巻頭の絵と文」が載っている。一九六二年は寅年だった。年男の柳下が描いた張子の寅の絵は正月の『広報』第八四号の巻頭を飾る。当時、柳下は一九三六年に高田町で発足した美術同好会「草人社」を前身として、五八年に発展再編した「彩光会」の初代会長であった。金野といい、柳下といい、「気仙風土記」は陸前高田が育ててきた地域文化の精華だった。

その柳下の「文」のなかで気になる箇所がある。「かつて太平洋戦争の時出征兵士の胴巻に千人針の虎を五百枚までは描きました。それが自分の出征に描くことになったが、私の念願は千枚まではなんとしても描きたかつたのです。それがみのらずその時は大変残念だつたと思いました」。戦時下全国各地で千人針が見られた。白布に女性に赤糸で結び目を一目縫ってもらい、千の目が達成すれば兵士の武運長久がかなうとされた。原則は一人一目だが、寅年の女性は自分の年齢分結び目を縫えた。これは「虎は千里行って千里帰る」の言い伝えに拠ったものだが、結び目だけではなく虎の絵を刺繍した例もあった。陸前高田では柳下が胴巻に虎の絵を描き、千人針だけあって千枚を目標にした。

柳下は無事生還したが、岩手県の「兵籍簿」によれば、陸前高田市の兵士数は総計四三七六名。陸軍は三七二七名、生存者三二七一名・戦没者四五六名。海軍は六四八名、生存者五四一名・戦没者一〇七名。ほかに文官一名がいた〔岩手県　一九七一：一一八〕。陸海軍の戦死者は合計五六三名、戦死率は一三％である。ただし、「陸海軍別未分別死没者数」〔同：一二六〕によれば、陸軍の戦没者数は七〇四名（軍人六四六名、軍属五六名、その他二）、海軍の戦没者数は一八三名（軍人一〇六名、軍属七五名、その他二）であり、総戦没者数は八八七名、戦死率は二〇％にのぼる。柳下の語りは戦争の影を引いている。

「気仙風土記」をもとに金野は『気仙風土記』を五冊の単行本として出版し（一九六七年・一九七六年・一九八五年・一九九四年・二〇〇二年）、二〇二〇年九月二日付第一〇八三号「気仙郡の設置[3]」をもって連載を休止する。二〇二一年四月七日付第一〇九七号は掲載終了を告知し、五月一九日付第一〇九九号に終了記念として「百疋塚の話」を掲載した。金野の功績に対する最大のリスペクトだった。「気仙風土記」の完結を見届けるように、前日五月一八日に金野静一は九六年の生涯を閉じた。

約六五年間の長期連載を可能にしたのは、地域社会の多様性・多元性・多層性・多重性が汲めど尽きせぬほど豊富であったからにほかならない。金野よりかなり年長の民俗学者に赤松啓介（本名栗山一夫）がいる。評伝をまとめた岩田重則は赤松の立場を、「地域自身を資料として地域自身による歴史学の提案」とまとめている〔岩田　二〇二一：二四二〕。金野の立場もまさにそれであった。その〈地域〉を襲ったのが津波である。金野は津波に関して、どう語っていただろう。一九六〇年五月二四日、三陸沿岸を中心にチリ地震津波が襲う。陸前高田市の損害は、高田町を中心に罹災世帯六一五世帯・罹災者三三七六名・死者（当日）八名、被害総額一四億円以上にのぼった（『広報』一九六〇年六月一五日付第六六号）。岩手県全体では死者五五名・被害総額八二億円に達した。『広報』は「市内風土記」をしばらく休載したが、一〇月一五日付第六九号に再開した「市内風土記」は「津波雑感」と題して、次のように述べている。

今回の津波でつくづく思つたことは、人間の何と無力なことよ、という一言である。紀元前後から今日まで、世界の各地域に襲来している津波の回数を調べてみると大体二十二、四年《ママ》に一回の割のようであるが、この間何時の時代の人々もただ「逃げろ逃げろ」で三十六計を決めこむほかはなかつたのであろう。二千年前の人類も逃げろ、逃げろ。そして今日でもやはり逃げろ、逃げろで高い所へ上る。これが津波に対する唯一ツの手段かと思うと、何んとも情けない話ではないか。日頃の政治的、社会的配慮や準備のなされていない人間達への自然の罰と言うには、個人個人の被害はあまりにも悲惨である。それ故にこそ、菅野杢之助の偉さが今さらながら、しみじみとしのばれるというものである。

「菅野杢之助」とは、寛文年間に私財を投げうって旧高田村と旧今泉村にまたがる防風・防潮林を松坂新右衛門とともに植林した豪農である。この防風・防潮林がのちの「高田松原」となる。金野はかけ声ばかりではなく、具体的な対策を講じる重要性を喚起し、一日も早い総合的「災害史」の編纂を求めた。

「気仙風土記」とともに

「気仙風土記」連載の後半期、それとバトンタッチするかのように「地元学のススメ」が始まる。当該期の『広報』が残されていないので、開始号を確定できないが、二〇〇四年一月一日付第七〇二号に第二二回目が掲載されている。逆算すると、「一、地元学…それは足元の当たり前の風景　一、地元学…気が付けば、それが地域の宝　一、地元学…それは真の地域らしさの探求　みんなで陸前高田だけの地元学　一緒に探してみませんか?」と唱える「地元学のススメ」は、二〇〇二年にスタートしたと思われる。金野の単独執筆だった「気仙風土記」とは異なり、市内各所在住の案内人が「地元」に見られる貴重な歴史・自然文化財を紹介する記事で、豊富な写真や手書きの地元学マップも楽しい。しかし、その背景には厳しい現実があったと思われる。文化財の喪失と記憶の稀薄化が進むことで、歴史が消滅する危機である。二〇〇七年九月一日付第七九〇号の「地元学のススメ」は、「どこの地域にも共通することだが、人口減少や少子高齢化、時代の流れなどによる信仰心の薄れ…。先人が築いてきた歴史が一つ、また一つと消えていく。今こそ、後世に伝えるべき我々の使命を、もう一度見つめ直す必要があるのではないだろうか」と記している。「地元学のススメ」は、二〇一〇年一二月一日付第八六八号の第一〇五回目までの掲載が確認できる。

さて、今一度「気仙風土記」にかえってこの節を閉じよう。前述したように震災後の二〇一四年四月一日付第九五八号から再開するが、二〇一六年二月一日付第九七八号（特集・陸前高田市復興の歩み）は「地名と歴史（126）――高田かいわい㉓」と題して、高田松原を位置づけ直している。チリ地震津波ののち、金野が高田松原を取り上げたことは述べた。戦前、高田松原は一九二七年に「日本百景」、三〇年に「東北十景」に入選し、四〇年に「名勝高田松原」として国指定文化財となった。戦後は五八年に「新日本百景」に入選し、六四年には「陸中海岸国立公園」、八二年に「東北観光地六十景」、八六年に「森林浴の森日本百選」になっている。金野は高田松原が歩んだ輝かしい道程を振り返り、こう論じている。

　松原は、地震、津波、風水害の予防に大きな成果をあげる一方、観光資源上からも筆舌に尽くし難い実績と功績をあげるという「歴史」を創造してきました。いま、今日、ここ在る〔ママ〕人々、文字通り歴史のはざまに在る私たちとして成すべきものは何か。真剣に考慮すべき課題ではないでしょうか〔ママ〕…。

金野のまなざしは地域の自然がもっている災害予防と観光資源の両側面をみごとにとらえ、「歴史」の創造を展望していた。今後の課題＝復興を指し示すものだったと言えよう。

2　地域の歴史を引き継ぐ

地域の若者たち

「気仙風土記」や「地元学のススメ」は言わば語り部的な記憶と記録の営みであったが、震災以後には若い世代によって新しいアクションが起きている。時代順に見ておこう。

第一は、「地域の相棒」をめざす「トナリノ」である。ホームページによれば、二〇一一年三月に陸前高田市出身者による支援活動が開始され、同六月に一般社団法人「SAVE TAKATA」が設立された。二〇一三年一月には若者の活動拠点「若興人の家」事業（後述）を開始し、二〇二〇年六月には「トナリノ」と改称した。二〇二一年一〇月には映像制作会社「ばばばＴＶ」と事業統合をしている。「トナリノ」の活動は多岐にわたるが、「失われた街 LOST HOMES 模型復元プロジェクト」に注目したい。「失われた街」模型復元プロジェクトは、二〇一一年八月の宮城県気仙沼市における「記憶の街ワークショップ」から始まり、全国各地の大学関係者の協力も得て、毎年開催されている。岩手・宮城・福島三県での開催が多いが、二〇一九年一月と二〇二一年一〇月には阪神・淡路大震災（一九九五年）に遭った神戸や、二〇一九年九月にはスマトラ島沖地震（二〇〇四年）以降大地震に見舞われているインドネシアでも開催された。

陸前高田市では二〇一三年九月に一回目、二〇一九年一〇月に二回目、二〇二一年一～二月に大船渡市・釜石市・南三陸町・気仙沼市と共同で三回目、同年八月に大船渡市と共同で四回目が開かれている。SAVE

TAKATA時代の二回目は共催、トナリノになってからの三回目と四回目は主催団体である。コロナ禍のなか、模型展示の開催は困難なことも多かったが、来会者からは、「自分が住んでいた家を思い出すことができ、懐かしかったです」「津波の時のこともスタッフに聞いてもらいありがたかったです」「ここに住む人々が震災前にどのように生活し、動いていたのか次々と蘇りました」との感想があった。

第二は、トナリノが開始した「若興人の家」である。「若興人の家」は後述するフリーペーパー『たかたる――高田の人が高田を語る』（約三〇頁）を発行している。二〇二〇年号巻末の「若興人の家について」によれば、「若興人の家」は「第2のふるさと陸前高田市への想いを持った学生による団体」で、同年度は首都圏の学生九名（うち陸前高田出身一名）が参加し、トナリノの教育事業バリュー「子どもと陸前高田の可能性を広げる」に沿って、地域の子どもたちとかかわりながら活動している。二〇一二年度、SAVE TAKATA時代に陸前高田を訪れる学生たちの拠点として、空き家になっていた古民家をリノベーションして「若興人の家」をつくった。それ以来地域に根ざした活動を進めているが、その一つに二〇一五年度からの『たかたる』発行がある。地元の住民から「わくわくする話を盛りだくさん」ヒアリングし、「できる限り方言や口調をそのまま残」したのは、「語り手の方一人一人の個性」を大事にしたかったからだという。二〇一五年度号は「高田の人が高田の産業を語る」を特集し、その主旨を住民自身が「より深く陸前高田を知れるよう」にしたかったからだと説明している。二〇一五年一二月に実施された「陸前高田の昔を語る会」も紹介されている。これは五〇〇分の一の縮尺で復元された前出「失われた街」模型を眺めながら六名の陸前高田出身者に昔を懐かしんでもらおうという会であった。

二〇一六年度号は特集「高田の人が高田の歴史・文化を語る」である。冒頭の「奥が深い『地名』の世界」では、当初、一九六〇年の合併統合に向けて、当初有力だった新市名「三陸市」が「陸前高田市」に変わったことや、名勝「高田松原」は形成過程から厳密には「今泉高田松原」と呼ぶべきであることなどが語られている。津波についてはチリ地震津波と東日本大震災の記憶が記されている。ヒアリングとは違って気楽に意見交換できる「交流会」の様子も載っている。二〇一七年度号はより陸前高田の魅力を細部にまで迫った内容となっている。編集後記によれば、前年度号を配布した際、市民から「オラ達でも知らないこと、よく調べたね！　ありがとうね！」と感謝されたのをきっかけに、観光者向けの内容をめざしていたが、「一番に陸前高田市民の方々に喜んでいただけるものをつくりたい」という想いに変わったからだという。

二〇一八・一九年度号にはさらなる展開が見られる。一つは、これまで直接つながることができなかった「人」から聞いた「昔」の魅力の裏側に迫ったことであり、もう一つは、製作の一部を地元の高校生と一緒に行って、地域の魅力をより若い世代に「継承」する重要性を確認したことである。高校生たちは「地元にこんなにすごい人がいるなんて知らなかった！」「友だちにも知ってほしい！」と語ってくれたという。コロナ禍のなかオンライン編集を余儀なくされた二〇二〇年度号は、虎舞や剣舞などの郷土芸能、ケセン（気仙）語などを紹介している。注目されるのは「拝啓　10年後のあなたへ　未来に残したい『陸前高田』」である。高校二年生と還暦を過ぎた世代の二名が執筆している。若い世代のみではなく、高齢者に未来を展望してもらっていることは、地域社会が「老いも若きも」によって形づくられ、相互に影響し合っている空間であることを認識しているからこそだろう。『たかたる』は、二〇二二年には『たかたる。総集編　高田の人が高田を語る』を完成させ、「気仙風土記」や「地元学のススメ」の系譜のうえに存在しており、さらにその視界は拡大されている。

第三は、「陸前高田イタルトコロ大学」である。「陸前高田イタルトコロ大学」は、陸前高田市の協力のもと、岩手大学と立教大学によって二〇一七年四月に開設された「陸前高田グローバルキャンパス」が組織する「陸前高田イタルトコロ大学事業企画実施委員会」によって、二〇二一年四月から運営されている。(5)「陸前高田グローバルキャンパス」は、二〇一七年一月には「大学シンポジウム２０１７――多くの大学が陸前高田でやってきたこと」、翌二〇一八年三月には「大学シンポジウム２０１８」を開催している。(6)また、その活動は『広報』二〇二〇年五月一三日付第一〇七六号から同二〇二二年四月六日付第一一一九号まで「陸前高田グローバルキャンパス通信」として掲載されている。現在、「陸前高田イタルトコロ大学」の加盟大学は一四、団体は二七（二〇二三年四月時点）にまで増加し、その活動内容も多岐にわたり、たとえば二〇一五年五月からは、陸前高田の方言・民話・伝説や昔あそびなどを掲載する「たかたの教科書」の作成発行をめざす「たかたの教科書プロジェクト」や、地元の観光資源の活性化をめざす「芭蕉もたどらなかった！秘密の『奥の細道』！」などを手がけている。二〇二一年四月には第一回オンラインイベント「宿泊業の今 and beyond」を開催している。

「陸前高田グローバルキャンパス」が開催した二回の「大学シンポジウム」はその名のとおり、ほとんどが大学生による研究発表であったが、二〇一八年にはユニークなセッションがもたれている。気仙地区中高生と大学生によるジャムセッション「陸前高田そして気仙の未来を語る」である。中学生は第一・気仙・高田東の各中学校および市内有志団体、高校は高田・大船渡・大船渡東・住田の各高校、大学生は若興人の家、岩手大学などが参加し、約五〇名によって交流施設の整備や公共交通の充実、地域情報の有効な伝達手段など、地域の課題に関する議論がなされた（『広報』二〇一八年四月四日付第一〇二七号）。中学生や高校生を巻き込んだ〈地域語り〉は興味深い。後述するように、二〇一四年に陸前高田市文化財等保存活用計画が策定されるが、議論のなかで「陸前高田の一般市民の方々、特に若い方々、お子様方といいますか中学生や高校生の方に、自分たちの町にはどんな資源があって、どんな歴史をたどってきたのかということを、なるべくわかりやすく伝えてほしいという希望のもとにやってまいりました」とその目標が述べられている。

しかし、振り返ってみれば、すでに内発的な動きはあったのである。〈地域語り〉・地域史研究に欠かすことのできないのが自然史である。この点に着目するならば、高田高等学校の自然科学部の活動を忘れるわけにはいかない。陸前高田市立博物館主任学芸員の熊谷賢によれば、同校自然科学部は「昆虫班・野鳥班・植物班などに分かれ、陸前高田市の動植物調査を継続的に行い、厖大な量のデータを蓄積」し、なかでも昆虫班チヨウ類調査は重要な基礎資料として、「標本のすべてが博物館に寄贈されていた」という［大門ほか編二〇一九：六二］。岩手県の登録博物館第一号であり、東北地方における公立博物館第一号でもあった陸前高田市立博物館は、こうした地元高校生の活動によっても支えられていたのである。

高校生たちの取り組み

少し視野を広げてみよう。関連事業として、二〇〇七年から始まった奈良大学・奈良県主催の全国高校生歴史フォーラムがある。[7] 二〇二二年も第一六回が開催されているが、過去一五回のフォーラムのうち、東北の高校および個人が受賞したのは、二〇〇七年（第一回）の福島県立磐城桜が丘高等学校の優秀賞「地域性を活かしたクラインガルテン」（クラインガルテンとは「市民農園」の意味）、二〇〇八年（第二回）の青森県・八戸聖ウルスラ学院高等学校の優秀賞「是川遺跡の漆文化」、二〇一七年（第一一回）の福島県立新地高等学校の学長賞／優秀賞「東日本大震災　津波被災地　福島県新地町の大津波伝承について」と、二〇一八年（第一二回）の岩手県立釜石高等学校の知事賞／優秀賞「南部藩の虎舞の起源を探る～虎舞はどこで生まれ、どのように広まっていったのか～」の四つである。

このうち新地高校は「東日本大震災の前、新地町の住民の多くは、『この町に大津波は来ない』―そう、信じていた。実際には、１０００年前にも、４００年前にも、多くの命が失われたのにもかかわらずである。なぜ、歴史が伝わらなかったのか。なぜ、21世紀のこの時代にも、多くの命が失われてしまったのか。その答えを探すために、新地町の歴史と地理について調べることにした」、釜石高校は「被災者に元気を与えたのは虎舞であった。津波で虎舞の道具が流されても多くの支援を受けて復活を遂げた団体もある。復興のシンボルとして虎舞があった。丁度４００年前の三陸に起こった地震に対しても、同じようなことが、もしかしたら起こっていたのではないだろうか。これが私たちが到達した答えである」と研究をまとめている。[8] いずれも東日本大震災によって喪失した地域の歴史・文化に関する研究であった。

次に東北の高校における地域史研究について、二つ紹介しておこう。

第一は、二〇二〇年で第六四回を数える宮城県高等学校社会科（地理歴史科・公民科）教育研究会主催の社会科生徒研究発表会である。[9] 発表内容は多岐にわたり、二〇〇一年以降二〇二〇年までの発表総数二二八点のうち、災害に直接関連したものは一一点ある。全体の五%弱であり、二〇一一年の前後で大きな変化は見られない。震災テーマは宮城県の高校生にとって一貫して根強い関心事でありつづけている。

第二は、福島県立双葉高等学校史学部の歩みである。[10] 双葉高校は二〇一五年に県立ふたば未来学園高等学校の開校にともない募集停止・休校となっている。同校史学部の前身は一九四七年に発足した社会科研究クラブであり、考古学の調査活動を行っていた。一九六〇年に史学部に改称し、遺跡調査をはじめ、民話の聞き取り調査・相馬藩城下町調査・空襲被害調査などを行い、地域史研究に貢献した。部誌も『社研』『双葉史学』『歴訪』などを刊行していた。二〇一七年一二月から翌一八年三月にかけては福島県文化財センター白河館で「被災地の文化財　双葉高校史学部の歩み」が開催されている。地域の歴史・文化・自然に関する研究にとって、「双葉高校史学部という存在がすごく大きい」「拠点」であったことは、歴史フォーラムのなかで吉野高光（当時双葉町教育委員会教育総務課総括主任主査兼生涯学習係長）が論じたが〔大門ほか編　二〇一九：一〇七―一〇九〕、双葉高校史学部は県内の原町高校・浪江高校・福島高校・石川高校・磐城高校・湯本高校などの郷土史研究クラブ・社会研究クラブとも交流していた。ある「歩み」展見学者は、「少し大げさに言えば、地域があっての高校であり、高校があっての地域なのですね」と語っているが、地域史研究の核としても高校が果した役割はあらためて見直されなければならない。高校生の歴史研究活動は「地域の歴史解明の一翼を担っていた」と評価されている〔杉野森　二〇一九：八一〕。

昭和40年代はじめまでは各自治体には文化財を専門に扱う部署や専門職員が少なく、地域に博物館・資料館もない頃である。戦後の昭和20～30年代、発掘調査は大学が主体となって実施し、高校生が発掘に協力する体制が大半であった。〔中略〕この時代の考古学研究は高校生を中心に行われていたのである。

同様の指摘〔高橋　二〇一二、伊藤　二〇一六、滝本　二〇一九〕も受けとめて、地域史研究の重要な舞台として高校生の歴史研究を位置づけてもよかろう。教育実践については、『歴史地理教育』第八三二号（二〇一五年三月増刊号）掲載の國吉尚美「石巻市の漁業・復興の努力」、斎藤英樹「原発の授業と福島の中学生との交流」、高木郁次「福島への修学旅行」、福田和久「震災・原発事故災害の経験をどのように伝えるか」があり、同号には「座談会　陸前高田から『東北』の未来を語り合う」も載っている(11)。

3　地域史の記憶・記録の豊富化のために

文化財の保存活用

陸前高田市の歴史・文化・自然をめぐる文化財の保存活用については、『陸前高田市文化財等保存活用計画策定調査業務報告書』と『陸前高田市文化財等保存活用計画策定調査業務報告書資料編』がある。保存活用計画は二〇一三年四月から議論が開始され、二〇一四年九月に策定された。現在、両報告書は陸前高田市ホームページおよび奈良文化財研究所「全国遺跡報告総覧」ホームページで閲覧可能である。

二〇一三年四月から翌一四年六月まで全四回開かれた策定委員会（池邊このみ委員長）は市全域を対象にした「文化財等保存活用計画」の策定などを検討し、全体委員会の議事録は『資料編』におさめられているが、第三回全体委員会で委員長は「私たちの一番のミッションは、この陸前高田の有り余るほどの文化財、全国的にも貴重な資産を、どのようにまちづくりに活かしていくか、あるいはこれからの陸前高田の成長戦略にどのように活かしていくか、というところでございます」と述べている。

大部な議事録をひもとくと、保存活用計画の骨子は次の四点に整理できる。第一は、「1300年続いてきた陸前高田市」という歴史的時系列的な一体性の強調である。第二は、「地域の共同体再生と記憶継承」という使命感の確認である。第三は、「文化財があるからこそ、今後の陸前高田が他の被災地と違うアイデンティティを持つことができ」るという他地域との差別化である。第四は、「代表的な8つの町の原始・古代・中世・近世・近代・現代に至るまで様々な歴史文化資産を持っている……このようなあたりをうまく読み取りストーリーづくりを行ないたい」という歴史像づくりである。

また事務局からの発言にも、「シナリオ化」「ストーリー化」「ヒエラルキー」などといったフレーズや、「陸前高田は被災地の中でかなりのスピードで復興が進んでおります。そのスピードと委員会のスピードが合わないと、本委員会の中でせっかくいい提言がされても、後の祭りということになり、そういった事態は避けたいと考えております」といった注文が見られる（第二回全体委員会）。現実との兼ね合いに関して、委員長から「文化財が復興の足かせであると思われがちであるところに対して、やはり陸前高田のこれからの復興・発展のために文化財を守り、活用していくことが大切であるということを提案しないといけないと思います」

といった基本的立場も表明されているが、委員からは地域のアイデンティティとは何なのか、陸前高田の時代区分とは何なのか、自然史が入っていない、など根源的な疑問も出されている。あるいは、「大震災を乗り越え、それを機に、いわゆる隠れた、あるいは今まで知らなかった自然・歴史・文化の価値を掘り起こすという一つの大きな行為が、やはり重要だと思います」「もし今回の被災が無かったら、地域の歴史文化資源に気づかずに、それこそ掘り起こさずに、そのままにいたかもしれないということを考えると、日本全体からみた歴史的な価値から言っても『掘り起し』という言葉は重要ですね」「今回の被災でそれらを失って初めて、私たちのまちはどうだったのかという意識が非常に盛り上がってきたのですよね」という記憶・誇りの〈再発見・新発見〉に着目する意見も多く出されている（第四回全体委員会）。

いくつかの問題点

保存活用計画総体の検討のために、次の三点を指摘しておきたい。

第一は、基本方針として「気づき」「つたえ」「活かす」をあげ、記憶・誇りのシナリオ化・ストーリー化・ヒエラルキー化を強調しているが、地域史・地域イメージの固定化につながる恐れはないだろうか、という問題である。ある委員は次のように論じている。「歴史文化の文化資源の中の1つのストーリーを早い段階で築き上げていきたい。つまり文化資源のひと通りの重要ポイントを絞りながら、陸前高田の歴史文化のストーリーを考え、そしてそれを骨格〔ママ〕してこれから調査を深めて行きたいと考えています」（第一回全体委員会）。

この視点は、歴史の流れのなかにトピックを探し出し、それらの〈点〉を〈線〉で結んで一つの峰を構想していくものである。[12] 陸前高田と言えば「武日長者」伝承が有名である。日本武尊の副将「大伴武日」が蝦夷制圧後、この地にとどまり、大長者になったという伝承である。[13] だが、この一つのトピックを固定した不可侵の〈点〉ととらえてしまうと、歴史像として一人歩きする恐れがある。地域の歴史像は頂点を結んで描写される連脈のみではなく、広く深い裾野・里山・里海などから形成されている、すなわち〈面〉的に、あるいは〈層〉的にイメージされる必要があるのではなかろうか。

第二は、はたして大震災が起こった結果、地域の自然・歴史・文化の価値の「掘り起し」が行われ、再認識されたと整理していいのだろうか、という問題である。「豊かな自然・歴史・文化の価値に気づき、つたえ、活かす」（基本方針）ことは本来日常的に行われることが重要である。とはいえ、その営みがつねに緊張感にあふれていては疲れてしまう。その「気づき」は日常的であるがゆえに、柔軟でなければならないだろう。「気づき」に関して、次のような感想がある。「私もこの町で育って、ここで教育を受けてきた者なのですが、実は気づいてこなかったというのがありまして、一市民として、私のようなものはたくさんいるのではないかと思います。（中略）この震災をきっかけに本市がもつ文化財に、もう一度気づきましょうというふうなニュアンスでもよいのかなと思います」（第四回全体委員会）。

地域の価値が震災によってはじめて浮かび上がってきたという率直な思いが吐露されているが、問題とすべきは、そうした「気づき」が長きにわたって忘却・無視されてきたことであり、それゆえ「つたえ」ることにも、「活かす」ことにも思いがいたらなかったという問題である。[14]

第三は、地域史の多層化が即豊かな歴史像を提示するとは限らない、という問題である。多層化という名の階層化、各階層の固定化・不動化につながる恐れもあるだろう。問題は各階層の存在を知ることであり、各階層の関係性をとらえることではないだろうか？　そこに住まう多くの人びとにとって見えない歴史——あるいは見せられなかった歴史——がある。それらは民俗・習俗・風土として、あたかも自然現象のごとく扱われてきた。しかし、そうした地域に向けられたまなざしの意識性・主体性・歴史性を探る必要がある。陸前高田での取り組みは、地域を見つめる歴史学のまなざし、それ自体への新たな挑戦だろう。ある委員はこう述べている。「最近の歴史学というのは、決して政治的なステージだけで考えているのではなくって、先生方がおっしゃるような生活文化も含めて、歴史文化と考えております。この点についてはほぼ合意が得られていると思います」（第四回全体委員会）。

この指摘は、従来「郷土史」と言われた地域社会における生活文化の再検討につながる挑戦である。生活文化は特定の空間に閉じこもらず、広く普遍性をもち、世界性をもつ。この視点に立ったとき、市民の「歴史サークル運動」のみならず、若ものたちの地元学・地域研究の重要性が見えてくるだろう。

まとめ——地域の歴史、私たちの歴史

小論で取り上げたいくつかの営みは、一見するとそれぞれ過去・現在・未来に対応するように思え、視点や切り口の違いもある。しかし、いずれも陸前高田を考えるうえで重要な射程をはらんでいる。そして最も大切と思われることは、大震災が破壊したのは、懸命に生きてきた私たちの地域史そのものだったというこ

とである。一〇年の歩みを経てそのことを強く実感する。

東日本大震災によって地域の歴史は解体・崩壊の危機に直面したが、そこからの復興・復旧・再生の動きも生まれている。しかし、自然災害ではなく、その継承者が急減するなど人的要因によって多くの地域の歴史や文化が危機的状況におかれている。私たちはいかに地域の価値を守っていけるのだろうか。この問題について、次の三点を提示したい。

第一は、「消えゆく地域に人が移ってくる」現象をどうとらえるべきか。阿部勝〔当時陸前高田市建設部長兼都市計画課長〕は、「私たち地元の人間が、外から支援に来てくれた『風の人』〔地元ではない別の土地へ出向いて地域貢献する人たちのこと〕の力を受けながら、それをどう力にして活かしていくかを考えながら、市民協働で取り組んでいます」と述べている〔大門ほか編 二〇一九：二四〇〕。そうした「風の人」の一人は、自分たちはあくまで「風の人」、「いつかいなくなる。主役は皆さん」とスタンスを語っているが〔中井ほか編著 二〇二一：二七五〕、地域の価値を担い、守るために多くの「風の人」が参画している事実を陸前高田は教えてくれている。

第二は、「消えた地域の歴史を研究する」ということ。これはまさに歴史学という学問が有している機能であり、使命である。眼前の歴史的世界はどんどん遠ざかっていく。語り部はいない、資料も喪失している状況から、いかに地域史を再構成・再描写するのか。記録と記憶の呼び戻しの術を〈創造的〉に生み出すことで、「消えた地域の歴史」をよみがえらす。歴史学の真骨頂が試されている。

第三は、「地域史のとらえ方を変えていく」ということ。地域の歴史イメージを絵柄として景観的にとらえることはあまり意味がない。これまでも指摘されてきたことであろう。何か完結した塊としての地域ではなく、広がり・つながり・結びつきとして地域を考える。地域を基軸にしてヒト・モノ・情報などが行き交う空間＝世界イメージを組み立ててはどうだろうか。

三点に共通することは、「地域」のイメージをつねに時系列的にも空間的にも大きく広げて考えることである。要するに、すべての地域は世界とさまざまなつながりをもち、小さくてか細いかもしれないが無数無限の地域という糸――実線とは限らない、破線や点線もある――によって世界は編み込まれていることに気づくこと、それが地域史＝世界史の醍醐味であろう。

最後に、陸前高田市はこれからどのような方向に進んでいくのだろうか。そのヒントが一九九一年から二〇〇二年にかけて編纂された『陸前高田市史』にある。監修者は「気仙風土記」の執筆者、金野静一だった。一九九六年に刊行された第四巻・沿革編（下）の「沿革論」の最後、「陸前高田市の将来展望」は、「この三十年間は、それ以前の時代に比べて飛躍的に発展した」。つまり、一九九六年マイナス三〇年、高度経済成長期の真っ只中、一九六六年以降の三〇年間は陸前高田が大きく飛躍した時代であったと認識している。しかし、「これからの三十年が、実は本当に近代化あるいは現代化という意味で、その成否が問われる三十年間であると思われる」。つまり一九九六年から三〇年先が勝負の時代だというのである。「この来たるべき二十一世紀の時代こそ、当市の悠久の歴史上、唯一無二の『創造』・『創出』の時」であり「市民一体となって風土性を十二分に踏まえた郷土づくりに努力を傾けるべきものと考えられる」。金野はこう述べている［陸前高田市史編集委員会編　一九九六：七〇六］。

『陸前高田市史』第四巻・沿革編（下）が刊行された一九九六年を起点にすると、三〇年後は二〇二六年である。陸前高田フォーラム開催の二〇二一年からは五年後になる。偶然であろうが、この三〇年のちょうど中間点、一五年目が二〇一一年だった。〈真の飛躍をすべき三〇年〉というふうにカウントしていたところ、半分の一五年目、折り返し点の年に東日本大震災が起こったのである。そして二〇一一年からまる一〇年が経過した。一九九六年が将来展望した三〇年という時間をカレンダーに落としたとき、これからの五年間で〈成否〉が決まる。現実的に短期間でその結果を見ることは厳しいことだが、震災からの復興・復旧とは、この地域が歩んできた近代化・現代化の長い時系列のなかで考えなければならない問題でもある。震災とどう向き合うかだけではない。近代日本の〈諸価値〉のなかに位置づけられてきた地域の歴史をどうとらえ、それとどう向き合うかも問われている。

しかし、向き合うのは孤立し分断された個々バラバラの一人ひとりではない。ある時は柔らかく、またある時は力強く寄り添い、集う一人ひとりである。何よりも共同性・集合性が求められることを、冒頭で紹介した『文化財を救え』は、歴史の史料群と立ち向かう営みと思い重ねて、次のように語っている。

古文書の解読は一人では難しいのです。自分一人で読み解いていくと間違いに気付きません。私は長く続けることができたのも仲間がいたからです。

注

（1）『広報』一九六六年一月二五日付第一三一号「金山と俵牛」は、長部における金塊運搬の姿を描いたものと説明している。
（2）相原友直については、『広報』一九六八年一二月二五日付第一六六号「気仙風土記」。
（3）葛西氏については、『広報』一九七〇年一〇月二五日付第一八八号「気仙の舘主」、一九八〇年五月二五日付第三〇三号「気仙の変遷（３）」。
（4）気仙地域の漁業権争いについては、『広報』一九七一年一〇月二五日付第二〇〇号「漁業小史（３）」。
（5）『広報』二〇二一年四月七日付第一〇九七号「陸前高田グローバルキャンパス通信 vol.12」。
（6）詳細は『陸前高田グローバルキャンパス　２０１７年度報告書』『同　２０１８年度報告書』参照。
（7）以下の記述は、「第16回全国高校生歴史フォーラム」ホームページ参照。
（8）虎舞については、『広報』一九六六年九月二五日付第一三九号「市内風土記」に「はしご虎舞」が掲載されているほか、『たかたる』二〇一六年号に菅野修一「梯子虎舞を後世に伝えるために」、二〇二〇年度号に「次の世代へ伝えたい、まちの郷土芸能」が掲載されている。
（9）以下の記述は、宮城第一高等学校の米田和由氏より提供していただいた資料を参照した。また宮城県在住の後藤彰信氏からも情報をいただいた。米田氏ならびに後藤氏に深く感謝いたします。
（10）以下の記述は、「平成29年度まほろん企画展解説資料　双葉高校史学部の歩み」ホームページ参照。
（11）本号については、上越教育大学の茨木智史氏のご教示による。茨木氏に深く感謝いたします。
（12）二〇一九年一月文化庁認定「みちのくＧＯＬＤ浪漫～黄金の国ジパング、産金はじまりの地をたどる～」参照。陸前高田市の「ストーリー」構成文化財によって、「金山ストーリー」が描かれている。
（13）「武日長者」伝承については、平川南「気仙郡の中核拠点と『武日長者』伝承」『陸前高田市文化財等保存活用計画策定調査業務報告書資料編』参照。
（14）陸前高田市に隣する大船渡市では被災からの復興に関して、「変わり果てたわがまちの情景を取り戻す。それには、民俗芸能が欠かせない」ということで、「民俗芸能のいま――活かす、つなぐ、広げる」をキャッチフレーズにしている。『広報大船渡』二〇一七年四月一〇日付第一一一〇号。

文献一覧

伊藤　真「高校日本史の日常的な授業を支援する博物館の在り方について」『秋田県立博物館研究報告』四一、二〇一六年
岩田重則『赤松啓介――民俗学とマルクス主義と』有志舎、二〇二一年
岩手県『援護の記録（岩手県戦後処理史）』一九七一年
大門正克・岡田知弘・川内淳史・河西英通・高岡裕之編『「生存」の歴史と復興の現在――3・11分断をつなぎ直す』大月書店、二〇一九年
杉野森淳子「青森県内高等学校所蔵考古資料」『青森県立郷土館研究紀要』四三、二〇一九年
高橋明裕「高校・大学の歴史教育における地域遺産の活用」『立命館高等教育研究』一二、二〇一二年
滝本　敦「高等学校日本史の授業と青森県立郷土館資料の関わりについて」『青森県立郷土館研究紀要』四三、二〇一九年
中井検裕・長坂泰之・阿部勝・永山悟編著『復興・陸前高田――ゼロからのまちづくり』鹿島出版会、二〇二一年
溝口常俊「地域をいかに語るか」『名古屋大学文学部研究論集』史学四七、二〇〇一年
陸前高田市史編集委員会編『陸前高田市史』第六巻・民俗編（下）、一九九二年
陸前高田市史編集委員会編『陸前高田市史』第四巻・沿革編（下）、一九九六年

第6章

陸前高田に移り住む

――未来への選択

古谷恵一

1　アカペラサークルの活動で陸前高田と出会う

二〇〇八年、陸前高田へはじめての訪問

陸前高田をはじめて訪れたのは二〇〇八年の二月。東日本大震災が発生する三年前、当時の私は神奈川県に住む大学一年生であり、大学のアカペラサークルに所属していた。アカペラとは楽器を使わずに声だけで曲を奏でる音楽である。リード、コーラス、ベース、パーカスのパートに分かれ、計五、六人が集まれば成立するため、体一つあればどんな場所でも演奏できることが特徴だ。大学のキャンパスが神奈川県にあったため、サークルの主な活動拠点は神奈川県や首都圏だったが、そのサークルのなかに「Democlatz（デモクラッツ）」という、他のグループとは少し異なる活動をするグループがあった。

このグループの目的は「岩手県の陸前高田市に歌いに行く」ことである。震災前の一九九九年から震災後の二〇一九年まで二〇年間続いていた活動であり、毎年メンバーを入れ替え、代替わりをしながら活動を続けてきた。一週間の滞在のなかで、陸前高田市を中心に、飲食店、ホテル、音楽ホール、学校、福祉施設な

ど、さまざまな場所でアカペラを披露する。活動開始のきっかけは、「この田舎の地域で、ハイカラな音楽を聞かせてほしいわ～」という陸前高田市のお母さんたちの声だった。

歌う場所のアレンジ、滞在中の送り迎え、食事の手配、マイク機材の手配など、すべて現地の方々が主導して運営をしてくださっていた。

学生にとっては歌の披露の機会になり、一方で地域側にとってはある種の〝地域活性化〟の機会になっていたのである。このDemoclatzの活動によって、私は陸前高田に訪問することになった。今でこそ、「陸前高田に行く」と話せば、震災の復興状況を見に行くの？と言われるが、当時の私はサークル活動の延長で、〝友人たちと一緒に歌を楽しみに行く〟ことが目的だった。

私がはじめて陸前高田という地名を聞いたのは、二〇〇七年の秋頃に大学の食堂で先輩からDemoclatzの活動に誘ってもらったときだ。「春休みに一週間、一緒に岩手県の陸前高田に歌いに行かないか？」と言われたことをよく憶えている。正直なところ、陸前高田という名前は一度も聞いたことがなく、どんな場所なのかまったくイメージをもつことができなかった。活動に参加するためには歌の練習もしないといけないし、せっかくの大学の春休みの期間に寒い東北に行くのもなぁ……と悩んでいたが、先輩から「すごく良い経験ができるよ」と背中を押され、半信半疑で参加を決めた。

そこからは先輩と同期含めて七人のメンバーでの集中練習が始まる。中高生向けに当時流行していたポップス、幼稚園児向けにはジブリソング、老人ホームには童謡や懐メロなど、歌う場所や聞いてくれる人に合わせて曲が選べるように二〇曲程度を用意した。

そして、二〇〇八年二月。池袋発の夜行バスに乗り、朝起きたら陸前高田市の中心地にあるホテルのロータリーのバス停に着いていた。そこでまずホテル屋上のお風呂に入れてもらい、疲れをとった。風呂場の窓から海が広がっていたのをぼんやり憶えているが、今思えばそれが広田湾であり、かつてあった七万本の高田松原だった。

そこからの一週間は怒濤のように過ぎていった。現地のお母さんたちに連れられ、毎日次々といろんな場所に行かせてもらう。小学校、中学校、レストランなど。行く先々でたくさん歌を歌わせてもらった。私たちはただの大学生であり、決してプロのように上手な歌を歌えるわけではないのだが、聞いてくれた皆さんがとても喜んでくれ、「今年も楽しみにしていたよ」「私もデモクラッツに入りたい」などとしきりに声をかけてくれた。

なんでもない自分たちのことを歓迎してくれたことがすごく新鮮でうれしく、当時の私にとってはとても貴重な経験になったことを憶えている。

歌の交流を通して陸前高田が教えてくれたこと

訪問したなかで、一番印象深かったのは、障がい者の就労支援施設である。いつもどおり三〇分程度のステージを終えて、施設の皆さんは拍手喝采で大盛り上がりだった。最後にお礼ということで、皆さんがお返しの歌をプレゼントしてくれた。当時流行していたＳＭＡＰの「世界に一つだけの花」を、手話を交えて披露してくれたのである。皆さんが歌っている音程やリズムは正直バラバラで、音楽的には〝上手〟とはまったく言えない。しかし、一生懸命声を出して、手話を使って、私たちに感謝の気持ちを届けようとしてくれているその気持ちは、心が震えるほど伝わってきた。私は、その光景を見て、涙が止まらなかった。「音の正しさ」や「上手さ」の前に、素直な気持ちをもって、楽しむこと。皆さんからとても大事なものを教えていただいた、と感じた瞬間だった。

最終日の市民文化会館でのコンサートはなんと四〇〇人のお客さんが集まってくれた。本当に驚いた。聞いたこともない陸前高田という地での滞在はとても楽しくて、一週間の滞在が終わったあとに、「帰りたくないね」「ここに住みたいなあ」と皆で冗談まじりに話していたことを憶えている。ただ楽しみのために歌いに行ったつもりが、逆に地域の皆さんから私たちがいろんなことを教えてもらったというのが、はじめて来たときの陸前高田市の印象だった。

翌年の二〇〇九年には今度は先輩として一つ下の後輩四人を連れて、陸前高田を訪問した。自分たちが経験したことを後輩たちにも伝えたいと思ったからだ。その後輩たちも、さらに下の世代を連れて活動を継続してくれた。

そんな陸前高田を、大きな地震と津波が襲うとは夢にも思っていなかった。

2　二〇一一年の東日本大震災

「歌を聞かせてほしい」の声に応えて

東日本大震災が発生した日、私は就職活動中で東京都内にいた。会社説明会に参加している最中に経験したことのない大きな揺れに襲われ、急遽説明会は中止。数時間は近くのカフェで電車の復旧を待っていたが、陽が落ちても電車は動かず、いわゆる〝帰宅困難者〟となってしまった。たまたま友人が近くにいることがわかったため、その友人宅に泊めてもらうことになった。そこでテレビを見ていて震源は東北ということを知り、陸前高田にも大きな被害が出ていることを知った。

ただ、最初は信じることができなかった。と言うよりも、よくわからなかったのだ。大きな津波によって跡形もなく街がなくなっている様子と、自分たちが行った陸前高田が同じ場所とは思えなかったからだ。「あ、自分たちが行った場所や通った道ではないところが被災したんだ」と思った。それくらいの変わり様だったのだ。

実際は、コンサートをした市民文化会館も、美味しいハンバーガーを食べたレストランも、お風呂を借りたホテルも、すべて被災し、破壊されていた。幸いなことにDemoclatzを受け入れてくれていた地元の皆さんは無事だったが、自宅が流されたり、職場が流されたりと、皆さん被災していた。

だんだんとグループメールで情報が入ってくるようになった。現地の方から、「皆の滞在中に布団を貸してくれた旅館の女将さんがお星さまになりました」などの連絡が届きはじめて、本当に大変なことが起きたのだという実感が湧いてきた。顔はわからなくても、Democlatzの活動に協力してくださった方々がお亡くなりになっているということに、恐ろしさと悲しさを感じていた。

そのうちに、サークルのＯＢ・ＯＧを中心に、自分たちに何ができるのかを考えはじめた。物資の支援、お世話になった皆さんへの応援メッセージ集めなど、できることから少しずつ活動が始まった。そして、現地の方々からの「歌を聞かせてほしい」という声に応えて、皆がまた陸前高田に通いはじめることになった。震災直後は毎月一回の訪問、その後は夏と冬と二回に分けて、定期的に陸前高田に歌いに行く。メンバーを入れ替えながら毎月陸前高田を訪問するDemoclatzのOB・OGグループ「りくラッツ」という新たな活動が始まったのである。

ただ、私はなかなか足を踏み出せずにいた。明確な理由はなかったのだが、なんとなく陸前高田に行くことを恐いと感じてしまっていた。ちょうど大学を卒業し、就職したタイミングでもあったため、仕事が忙しいということを言い訳にして活動には参加しなかった。今思えば、心のなかでは「今自分が行って何ができるんだろう、何もできないんじゃないか」という気持ちがあったのだと思う。もやもやとした想いを抱えながら数年が過ぎていった。

それでも、大学時代に一緒に活動をした同期が定期的に誘ってくれていた。陸前高田訪問になかなか気持ちを固められない私に対して、「そんな難しく考えなくても、陸前高田の皆さんに会いに行くだけだよ」と言われ、ふっと肩の力が抜ける気がした。そうか、別に支援に行くとかじゃなくて、久しぶりに訪問する気持ちで行けばいいのかと思った。被災地に行くことに対して、何か大義名分を掲げなければいけないと勝手に思ってしまっていたのだ。皆で久しぶりに陸前高田に行く、という〝気軽な〟気持ちになることができた。

そして、二〇一五年に「りくラッツ」にはじめて参加した。六年ぶりの陸前高田訪問である。仕事の休みを調整しながら久しぶりに歌を練習してなんとか参加をすることができた。

変わったものと変わらないもの

はじめて見た震災後の街並みは、〝よくわからない〟というのが正直な感想だった。自分の記憶にある街とはまったく結びつかなかった。建物はなくなり、土がどこまでも広がっている景色を見るだけでは、何が起きたのかイメージができない。しかし、レンタカーのカーナビは何もない場所に確かに街を示していて、被災状況の資料や震災の話を聞いていくと、だんだんと理解が深まっていった。とてつもなく大きな波が街を襲ったのだということがわかってきた。そこでやっと、大きな衝撃を受けた。街がまったく変わってしまったんだということにようやく気がついた。

そんな光景を見ながらも、数か所で歌を歌わせてもらった。皆さん、私たちの訪問を喜んでくれて楽しい時間を過ごした。ある施設で歌い終わったあとに、話していたおばあちゃんで、「あなた、前に歌いに来てくれたことがあったよね」と、私のことを憶えていてくれた人がいた。はじめて行ったときから六年もたっていたのに、そんなふうに言ってくださったことにとても驚き、うれしく思った（もしかしたら、おばあちゃんの記憶違いの可能性もあるが……）。

それでも、これもすごく衝撃的な出来事であった。大学生ではじめて来たときに、たくさんの人に歓迎してもらったことや、「また来てね」と言ってもらえたことなど、当時感じた人の温かさは変わってないんだということに気がついた瞬間だった。街自体は大きく変わってしまったが、最初に来たときに見た自然の景色や食べたものなど、変わらずにあるものも感じとることができた。

そんな陸前高田との再会を経て、「もっともっと高田のことを知りたいな」と感じるようになっていった。

二〇一六年一二月には、陸前高田に一週間滞在することにした。実は、アカペラサークルの先輩で、当時すでに陸前高田に移住をしていた人がいたのだ。学年としては四つ上なので大学の在学当時にかかわりはなかったのだが、その人のお宅に泊めてもらい、言わば「お試し移住体験」をした。

陸前高田には、気仙大工という伝統的な大工工法があること、美味しいりんごを一生懸命つくっているおばあちゃんがいること、震災で被災をしても人のために仮設店舗でお店を続けている人など、これまで行ったことのない場所に行き、会ったことのない人にたくさんお会いした。「陸前高田は、都会みたいにものは多くないけど、いいところでしょ〜」と、街の人たちは謙遜しながらも地域への誇りを強くもっていることを知った。

震災後に立ち上がったＮＰＯや団体にも複数訪問した。先輩がつないでくれて、同じような移住者や地域のために活動をしている人の話をたくさん聞くことができた。そのなかで、移住するきっかけとなった一般社団法人マルゴト陸前高田という団体と出会う。

この団体の目的は、地域の人と地域外の人をつなげ、交流人口を増やしていくこと。二〇一四年頃から観光物産協会の一部門として立ち上がり、二〇一六年から法人化された。

私がはじめて訪ねたときは、法人化してからちょうど一年が過ぎようかというくらいのタイミングだった。その年からマルゴト陸前高田が始めていた活動が、〝民泊〟である。正確には、〝農家民泊〟と定義されていて、空き部屋だけを貸す民泊とは異なり、ホームステイ型のプログラムだ。陸前高田市民の皆さんのお家に泊まって、交流をしてもらうことを目的とした活動である。

民泊を普及していくために、マルゴト陸前高田は市の委託を受けて活動を本格化させていて、事務所で民泊の写真や映像を見たときに、「あぁ、すごくいいな」と感じた。その写真や動画のなかで、民泊の最終日に、生徒も地域の人も泣きながらお別れをしているシーンがあったのだ。たった一泊や二泊の短い時間のなかでそんなことが起こるなんて、すばらしいことだなあと感じた。当時関東の教育関係の会社に勤めていた私は、関東の中高生にこそ、こういった場所を見てほしい、こんな人たちがいることを知ってほしいと強く気持ちが揺さぶられた。

3　マルゴト陸前高田で働くなかで

「移住＝定住」ではない

素直に、このマルゴト陸前高田の活動にもっとかかわりたい、と思った。ただ、そのためにはもちろんこの地域に住まないといけない。関東から地方に移住するだなんて、そんなことはこれまで考えたことがなかった。自分ができるのだろうかと思い先輩に相談した。そのときに言われた言葉が、「移住は、定住とイコールではないと思うよ」ということだ。別に移住したからずっとその場所に住む必要はないし、違うと思えば変わっていいいんじゃないか、と。

たしかに、自分の住みたい場所に住む、ということはあたりまえのことで、まだ若いうちにこそ挑戦したいと思ったのだ。

先輩の言葉を胸に、家族や友人に相談し、就職面接を受け、住む場所を探し、移住の準備を進めていった。最初こそ驚かれたが、皆応援をしてくれた。

先輩やお世話になっている地域の皆さんに、たくさん力を借してもらいながら生活を開始した。皆さんのおかげで、冷蔵庫、テーブル、ベッドなど家具がどんどん揃っていった。「これ使っていいよ！」と地元の人たちからもたくさん家具を分けてもらい、やはり温かい地域なんだなぁと感じた。

移住してからは、もちろんこれまでかかわりのなかった人たちとの交流もぐんと広がる。なかには「移住してきてくれてありがとうね」「ずっと高田にいてね」と言ってくれる人もいた。そんなふうに言ってもらえるとは思っていなかったため、最初はとてもうれしく感じた。移住者、というだけでいろいろと関心をもってもらえたし、感謝をしてもらった。

ただ、一方で移住を最終的に決めたのは自分自身であり、誰かのためではないという気持ちも芽生えていった。どこに住むのか、いつまで住むのかは自分で決めることだ。この気持ちは大事にしないといけないと感じていった。

民泊を通した地域内外の交流

マルゴト陸前高田が行っている業務内容を紹介したい。一般的に、修学旅行のコースはほぼ定番化されている。たとえば、沖縄や京都や北海道など、馴染みのある場所が多いだろう。しかし、〝岩手県陸前高田に行きます〟、と言われて、まず生徒や保護者は驚くことがほとんどだ。場合によっては納得してもらえないこともある。陸前高田で何ができるのか、安全面には問題がないのかなど、これまでもたくさんの質問をいただいてきた。時には関東の学校の保護者説明会にうかがい、一つひとつの質問に答えたこともあった。不安を解決しつつ、「陸前高田で体験をしていただくことがこれからの生徒の皆さんの人生にとって必ず意味がある」と伝えつづけた。

実際に民泊のなかで生徒はどのようなことをするのか。まず、市内の体育館等を利用した対面式から始まる。この対面式は「はまって会」と名づけられている。〝はまって〟とはこの地域の方言、気仙弁で「おいで、仲間に入りな」というような意味である。はまって会で各家庭と出会い、その後は数名ごとの班に分かれて各家庭と一緒に過ごす。家庭での過ごし方はさまざまで、暮らしそのものに入ってもらう。ある家庭は「震災当時に油とティッシュで簡易的なロウソクをつくって過ごしていたんだ」ということを教えてくれたり、ある家庭では「いつもこうやって庭で採った野菜をそのまま使ってるんだよ」と一緒に農作業体験をしてくださったりする。また夜、家の外を散歩したりもする。ふだんは夜でも明るい街中に住んでいる都会の子たちなので、陸前高田の満点の星空を見るととても感動してくれる。高田の皆さんにとっては普段の暮らしそのものなので、「こんなので、いいのかしら」と心配の声を聞くこともあるが、都会から来る生徒にとってはかけがえのない体験になる。お別れ式は「ほんでまんず会」と名づけた。〝ほんでまんず〟とは、「ほんじゃあまたね」という意味で、また会いましょうという気持ちが込められている。たった一泊でも、最後のほんでまんず会ではお互いに別れを惜しむ姿が見られる。生徒たちは涙を流しながらバスに乗り、受け入れ家庭が見えなくなるまで手を振る。このような姿は、ただ観光するだけの修学旅行では決してないことだろうと思う。私自身が、一番最初に陸前高田に来たときに感じたこととすごく近いとも思う。少なからず、生徒の皆さんのなかに陸前高田が残り、今後の人生のなかで、何かのタイミングで陸前高田のことを思い出してくれれば、これ以上にうれしいことはない。

「よそ者」だからこそできること

民泊開始から四年目の二〇一九年は、活動の一番のピークだった。修学旅行生が約四〇〇〇名、それ以外のお客様も約一〇〇〇名、合計約五〇〇〇名の人たちを受け入れた。はじめて大阪の学校も三校来訪してくれた。生徒数の多い学校では一校三〇〇人以上もの人数がいるため、市内の各家庭に三人ずつで分かれても約一〇〇軒の受け入れ家庭に協力してもらわなければならない。地方ではとりわけ人のつながりが重要だ。現地スタッフのさまざまなつながりを駆使して、たくさんの人たちに協力してもらうことができた。では、外から来た〝よそ者〟の私にできることは何か。それは、私自身が客観的な目線で陸前高田を見ることができるため、地元の人たちからすると「あたりまえ」と感じることに純粋に感動できることである。いつも食べているもの、見ている景色、話している言葉すべてを新鮮に感じることができるので、「それをそのまま生徒に伝えてあげてください！　きっと喜びます！」と、素直に伝えることができた。

そうやって生徒たちを受け入れていくと、ありがたいことに受け入れ家庭の皆さんからも「受け入れてよかった」という声をたくさんいただく。「ふだん食べているもの、普通の田舎料理なんだけど、それをすごい喜んでくれたんだよね」とか、「いつも見てる空なんだけど、あの子たち星がすごい綺麗だって言ってなかなか帰って来なかったんだよね」等々。ほかにも「民泊の子たちが来るから一生懸命野菜育ててるよ」「この辺のことを説明したいから歴史を調べ直したよ」という、日々の楽しみが増えたという声もあった。

民泊を受け入れることによって、皆さん自身が地元についてあらためて考え直したり、とらえ直したりする、そんな機会になっているのだということを、活動しながら私自身も学ばせてもらった。受け入れてくれているのは市役所職員でもなく、観光協会の職員でもなく、一般の家庭だということがとても大事だ。民泊は市民のシビックプライドを醸成し、一人ひとりをまちづくりにかかわるプレーヤーへと引き上げてくれた。

これから高田でやりたいこと

民泊については二〇二一年度から運営母体を市内のＮＰＯ団体に移管をした。マルゴト陸前高田としては、市の委託事業が終了し、自主事業としての活動が本格化している。これからは民泊に限らず、市内のさまざまな魅力的な資源をコンテンツ化していく計画だ。たとえば漁業体験、農業体験、お寺での坐禅体験、気仙文化体験、復興した中心市街地の「まちあるき」などなど、見てもらいたいこの地域の魅力は本当にたくさんある。とくに「まちあるき」には力を入れており、修学旅行生の自主研修・探究学習のプログラムとして市内の中心市街地を歩いてまちでの消費を促し、経済効果のある取り組みをしたいと考えている。こういったものをコンテンツとして成立させて、団体として収益を安定させ、事業を継続させていく。復興の過程で立ち上がった我々のような団体はたくさんある。復興支援期間の終了後に、事業継続ができるかどうかが新たな挑戦なのだ。

また個人としては、二〇二二年度から、陸前高田企画株式会社という会社でも副業社員として業務を開始した。この会社はより高付加価値の商品を造成して地域を盛り上げていこうというベンチャー企業だ。その理念に共感し、マルゴト陸前高田と並行して、こちらでも仕事を始めている。

プライベートとしては、やはりこれまで続けてきたアカペラの活動を再開したい。過去にも、地元のりんご農家さんにお世話になって、そこでりんごを採ったあとにお礼として歌わせてもらったり、気仙大工左官伝承館で歌わせてもらったりと、陸前高田のいろんな場所で歌わせてもらった。アカペラは声だけでできる音楽のため、場所を選ばないという特性がある。歌は立場や役職などを超えて交流する力がある。陸前高田には震災によってさまざまな立場の違いが生まれた面もあるが、私たちのアカペラの企画で、政治的に対立する人同士が一緒に歌っている場面に遭遇したことがある。そのときは立場関係なく、一緒に歌っていた。歌だからこそ、アカペラだからこそできた交流だったのではないかと思う。そういった交流の場を、アカペラを通してつくっていきたい。

私は、陸前高田青年会議所という地元の青年団体にも所属している。仕事上、年齢層の高い市民の皆さんとかかわることが多く、同年代とかかわることが少ないため入会した、地域のためのボランティア活動団体だ。過去には小学生向けの職業体験を企画運営させてもらった。これは小学生が地元にどんな仕事があるのかを知る機会が少ないという課題があったため、解決したいという想いで企画した。実際に消防署に行って消防体験をしたり、クレーンで木を運んだり、薬剤師さんと一緒に薬の調合を体験してみたりと、本物の用具を利用して実施する。地元のなかでの交流を生み出すことで、子どもたちの将来の職業選択の一助にしてほしいと思っている。このように地元のことを考え、地域に住む私たち自身は何ができるのかを熱く議論する仲間ができたことは、外から来た私にとってとてもありがたいことである。地元出身者、移住者のそれぞれのよさを引き出しあいながら活動していきたいと思う。

仕事であっても、アカペラや青年会議所の活動であっても、共通している私の想いとしては、「陸前高田でたくさんの楽しい瞬間を創り出すこと」だ。もちろん震災で悲しいことがあったという事実は変わらないので、そこにしっかりと向き合わなければいけないとは思う。他方、私にとっては学生時代にお世話になった場所であり、今は自分が住んでいる場所だ。そんな陸前高田でもっとたくさんの笑顔が生まれてほしいと思う。そんな想いを胸に、仕事でも自分自身のふだんの生活のなかでも活動を続けていきたいと思う。

移住してきて、「なんで高田に来たの？」と尋ねられることがよくある。私も何度も考えたのだが、答えとしては、「一番最初、アカペラの活動で来た場所がたまたま陸前高田だったから」としか言いようがない。しかし、やはりそのなかでいただいたご縁がある。いろんな人にお世話になり、助けてもらった。大学生のときに障がい者の就労支援施設でいろんなことを教わったりと、私自身がしてもらった／受けたことがたくさんある。いろんな思い出をふまえ、やっぱりこの場所に自分自身も何かしたいと強く思ってる。正確には、何かしたいという利他的な心ではなく、自分自身が活動を続けることで、さらに自分自身が住みつづけたいと思えるまちであってほしいと願っている。それが結果として「復興」の過程の一部となっていればよい。

誰かのために移住をしてきたのではなく、ほかならぬ自分のために移住をしてきたと自信をもって伝えていきたい。

おわりに

二〇二一年一二月、フォーラムに参加をさせていただいた。会場は、陸前高田に新設された「奇跡の一本松ホール」。ここは、津波で流されてしまった市民文化会館を新たに作り直した建物である。私は二〇〇八年三月のはじめての訪問の際に、その市民文化会館で仲間と共に、約一時間のコンサートで、四〇〇名のお客さんの前でアカペラを歌わせてもらった。かたちは異なるが、当時の想い出の場所で話をさせてもらえたことは、すごく運命的であり、うれしく思っている。

最後にこの度の執筆の機会をいただき、感謝の言葉を伝えたい。民泊家庭の佐々木さんのお宅にうかがったときに、たまたま本フォーラムにかかわる先生方がいて、そこで話をしたのが最初のきっかけであった。ご縁はどこにあるのか本当にわからない。だからこそ、このような一回一回の出会いが大切なのだということを、さまざまな場面で教わってきた。

陸前高田にはそんな縁をつないでくれるきっかけが昔からたくさんあるのだと強く感じている。そんなご縁や出会いを大切にし、これからも活動、生活していきたい。そう思っている。

●聞く・語る・つなぐ●

「昔がたり」が生み出す力──記憶と現在をつなぐ

阿部裕美

震災後、陸前高田災害ＦＭのパーソナリティに

私は、一九六七年陸前高田市生まれで、一九九六年二月に市内中心部で夫と共に和食味彩を開業し、二〇一一年三月一一日まで営業していました。東日本大震災で津波により店舗を流失してしまい、二〇一一年一二月からは、震災後に開局した臨時災害放送局「陸前高田災害ＦＭ」でラジオパーソナリティを三年ほど務めていました。私にとって「昔がたり」はこのラジオから始まっています。

ラジオでは、震災によって崩壊した地域コミュニティをなんとかつなぎ止めようと、行政情報だけでなくできるだけ多くの人びとの声を届けるために、さまざまな番組を企画し放送していました。園児たちの将来の夢、中学生や高校生の番組、二〇代の若者の番組、復興を担っていくであろう商工会青年部の番組、商店主や仮設住宅の住民のインタビュー、障がい者自ら発信する番組や中国やフィリピンから嫁いできた女性たちによる母国語と日本語での番組、朗読ボランティアによる気仙語での昔話の朗読等。そのなかの一つ、「気仙のじいちゃん気仙のばあちゃん昔がたり」という番組で私は、お年寄りから昔のことやご自身の半生など

を語ってもらっていました。さまざまな人の声を届けることで、ラジオから「ひとりじゃないよ」「みんな

で前に進んでいきましょう」というメッセージを送りつづけました。

「昔がたりの会」の発足

開局から三年四か月ほどラジオの仕事をしたあと、二〇一五年五月からは社会福祉協議会に所属し、災害公営住宅に開設された「市民交流プラザ」で常駐支援員として二年半過ごしました。詳しくはあとでふれますが、ここでも昔がたりに耳を傾けました。

交流プラザで勤務しながら嵩上げ工事を毎日眺めていたのですが、徐々に元の地面が見えなくなっていくなかで、これまでのまちの歴史や自分たちの暮らしが全部なくなってしまうのではないかという不安が心のなかに湧き上がっていました。その頃、「北限の茶を守る気仙茶の会」発足メンバーの一人・前田千香子さんからある相談を持ち掛けられました。

「気仙茶の会」は、陸前高田のお茶の栽培の継承とお茶文化の伝承を目的に活動していて、『陸前高田・大船渡　震災を乗り越え未来につなぐ気仙茶聞き書き集　おらえのお茶っこ』という冊子をつくっていました。前田さんは、この聞き書き集のインタビューに取り組んだときに、お茶づくり以外にも昔の暮らしや行事、習慣などの話がたくさん出てきて、もっとこの地域の昔のことを知りたいと感じ、「災害FMでやっていた昔がたりを別のかたちでやってみませんか？」と、私に提案されたのでした。

ラジオでの昔がたりも好評だったので、思い切ってやってみることにしました。ラジオでは個人の半生に

ついて聞いてきたのですが、今度はもう少し幅を広げて陸前高田の歴史や町並み、暮らしの様子などを聞かせていただこうということになり、お年寄りを語り手として招き、私が聞き手となって高田の昔の話をトークショー形式で行うことになりました。そして、震災後に出会った、陸前高田に思いのある市内外の友人たちに声をかけ、二〇一六年三月に総勢一〇名で「陸前高田昔がたりの会」を立ち上げました。メンバーは映像制作やカメラマン、音響に詳しい人、作家など、それぞれの分野のプロたちで非常に心強いメンバーがそろっています。

「昔がたりの会」の活動

会は堅苦しくなくアットホームな雰囲気で開催したいと思い、コミュニティカフェ「りくカフェ」を借りて開催しました。二〇一六年三月から二〇一七年一月まではほぼ月に一度のペースで開催し、それ以降はペースを落として時々開催しています。前半は私が聞き手となり、語り手さんからじっくりとお話をうかがう。後半は前田さんが淹れてくれた気仙茶を飲みながら会場にマイクをまわし、語り手さんへの質問や、自身が思い出したことなどを自由に話してもらいました。

開催の周知は地元新聞社にお願いしたり、一度参加してくれた人にはチラシを郵送してお知らせしました。会は初回から思いがけず四〇名近くの参加があり、私たちのほうが驚いてしまいました。年代的には七〇代以上の人が多かったですが、なかには昔がたりに関心のある若い人や語り手さんの知り合いの参加もありました。第三回の気仙町今泉の村上寅治さんを語り手に開催したときには、「とらんつぁんに会いたくて来たよ！」と被災してバラバラになった今泉の人たちがたくさん駆けつけてくれて、総勢五〇人くらい、立ち見も出て本当に驚きました。

誰でもマイクで話すことは恥ずかしく勇気のいることですが、後半のお茶っこタイムではほとんどの人が何かしら話をしてくれました。はじめのうちは自身の被災状況や悲しみを打ち明ける人もいましたが、しだいに震災の話題は出なくなり、皆さん、ただただ昔がたりを楽しんでいる様子がうかがえました。参加者のほとんどが高齢なのですが、語り手さんの話をにこにこしながら、みんな目線が斜め上あたりにあって当時の風景を思い浮かべて懐かしんでいるのがわかりました。私は皆さんとは時代が違うので同じ風景を見ることができず、悔しくてすごくうらやましかったです。

会で語られた内容は多岐にわたりますが、たとえば高田松原の思い出を尋ねると、「昔海のなかに飛び込み台があって、屋根の高さほどもある一番上から飛んで面白かった」というおばあちゃんや、「昔気仙町寄りの松原の砂浜で、気仙郡の人たちが集まる大きな運動会があった」と話すおじいちゃん。お二人とも大正生まれなので昭和初期の頃のことです。それに対して参加者からは、「松原に行く途中はりんご畑になっていて、五円で青りんごを買って海に浮かべて遊んでおやつに食べました。青くてすっぱいりんごでその味を思い出していました」という話が出ました。

ほかには、戦時中に学徒動員で片倉製糸場に働きに行った話（片倉製糸場は酔仙酒造の前身）が出たときには、参加者から、「釜石の艦砲射撃のときに片倉の煙突がねらわれて、近くに住んでいたウチの蔵も撃たれました。二つ穴があいていて、二階にあったものがみんな一階に落っこちてきてびっくりしました」という話を聞きました。

この辺りの昔のひな人形、土でできた高田人形の話や、今泉歌舞伎の話、養蚕や炭焼きを生業としていた頃の話などなど、いろんな話がありました。また、七福神の唄の披露があったり、参加してくれた人が、昔盆踊りで踊ったという「高田小唄」を歌ってくれたり、ハーモニカで昭和初期の歌謡曲を演奏してくれたり、ということもありました。

会を開くと毎回たくさんのお年寄りが集まってきてくれます。そして話す側も聞く側もどういうわけか、いつも心が満たされ、笑顔になって、最後は、またやろうね楽しかったねと言って別れます。

昔がたりが生み出す力

昔がたりの何がそんなによかったのか……これまでのことを思い出しながらいろいろ考えてみました。ここでは市民交流プラザでのことを紹介したいと思います。市民交流プラザでは、住民の皆さんと一緒にお茶を飲んだり会話を楽しんだりしてゆっくりくつろいでもらい、その会話のなかから何か困っていることはないか、体調に変化がないかなどの見守り業務をしていました。ある日、一人暮らしの八〇代の男性がか細い声で「阿部さん、あのね。部屋に一人で三日もいてごらんなさい。声が出にくくなるんだよ。誰とも話をしないからね、テレビしか相手がいないでしょ。喋る必要がないんだ」と話してくれました。当時まだ災害公営住宅ができたばかりで入居から日が浅く、住民同士のコミュニケーションがほとんどとれていない時期でした。交流プラザの目の前には旧市街地が広がり、嵩上げ工事のための工事車両が毎日せわしなく行き交っていました。私は、お互いをよく知らない住民の皆さんとここでどう過ごしていけばよいか悩みました。そして昔のまちのことを聞くことでコミュニティづくりのきっかけができるかもしれない、ラジオと同じことをしてみようと思いつきました。正直、何の資格も持ち合わせていない私にできるのは、これしかなかったのでした。

そして住民の方々が集まってくると日替わりで昔のまちのことをいろいろ質問しました。たとえば、現在の市役所庁舎が建っている場所には高田小学校がありました。小学校の前には職業訓練校があったのですが、ここは、もともとは旧高田中学校の校舎でした。ある日この高田中学校の校舎について聞いてみました。すると、戦時中に生まれた男性が、「自分が中学生のときにちょうど校舎を建築中で、自分たちで校舎の瓦をバケツリレーのようにして手渡しで屋根まで上げたんだ。授業は小学校の講堂を間借りして受けたんだ」と話してくれました。また、戦後のベビーブームに生まれた男性は、「俺たちのときは、校舎はできたあとだったけれども校庭がなかったから、小学校の授業の合間を見て校庭が使われていない時間に体育の授業をやったもんだったよ。俺たちはベビーブーム世代だから一クラスに五〇人もいて、教室も机がびっちりですごく窮屈だったよ」と話してくれました。彼らよりも二回り以上あとに生まれた私が小学校の頃は、この建物の一部分に市立図書館があり、よく学校帰りに本を借りに立ち寄ったものでした。

また、別の日は高田松原のそばにある古川沼の話をしました。すると九〇代の女性が、「昔はプールなんてものはなかったから、沼にロープでコースをつくって、そこで水泳大会をやったもんだったよ」と教えてくれました。また七〇代の男性は、「俺はよく沼にシジミ採りに行ったんだ。シジミって言ったって今みたいなシジミじゃないよ、アサリぐらい大きいんだから。そのシジミをバケツいっぱいに採ってきて料亭にもってくの。そうするとね、五円で買い取ってくれるんだよ。その五円握りしめてさ、近くのせんべい屋に行ってせんべいを買うんだ。だけどせんべいは高いから五円では何枚にもならないんだ。だからせんべいの耳を買うんだよ。そうすると袋いっぱいに入れてくれて、それが俺たちのおやつだったんだ」と教えてくれました。私が子どもの頃の古川沼はとても汚れていて、「この沼は底なし沼なんだぞ」などと話していたものでした。時代によって古川沼も見方や感じ方が全然違うものなんだと思いました。

このような感じで毎日を過ごしていましたが、いつのまにか「声が出にくくなるんだ」と言っていた男性も声にハリが出て笑顔も見られるようになっていました。私が昔の話に興味があると思って、逆に「これは知ってるかい？」とネタをもってきてくれたりして、いろんなことを教えてくれました。またほかの住民の方々もしだいに打ち解けて、震災当日のことや仮設住宅でのことなどお互いのことを話すなどして、徐々に距離が縮んで親しくなっていくのが見て取れました。そうした日々を重ねていくなかで、仲間たちと「昔がたりの会」を立ち上げ、語りの場を開くということにつながっていきました。

昔の思い出を語るということは、一人ひとりの記憶の断片が、みんなで語ることでみんなの記憶でつながり、そしてまちの記憶として浮かび上がってくるものなのだと思います。世代が違ってもそれを超えて共有することができるのです。私たちは、震災でまちを失ってしまいました。でもだからこそ、昔を回想することで心が満たされ、癒され、少なからずこれから先への何かしらの糧になったのではないか。自画自賛のようですが、きっと一人ひとりの心に響くものがあったのだと確信しています。津波で何もかも流されてしまいましたが、ラジオや市民交流プラザ、昔がたりの会を通じて「たからものは人の記憶のなかにあったんだ」と気づかせてもらいました。

新型コロナの影響もあり、昔がたりの会の活動自体できずにいますが、実は二〇二〇年うれしいことがありました。母校でもある市立高田第一中学校の三学年（当時）では、総合的な学習の時間において「我が町の新しい光を求めて」というテーマのもと四つのグループに分かれて取り組みを行っていました。そのなかの一つのグループが自分たちの知らない震災前の高田の宝物を知って継承していきたいと、住民からインタビューやアンケートをとって調査を行っていました。その取り組みのなかで、昔がたりの会でまとめた記録誌『こころのたからもの』を参考にさせてもらいたいと申し出があったのです。私たちも昔がたりを子どもたちにも聞かせたいものだと思っていましたし、役に立てるのならと喜んで協力させてもらいました。しばらくして生徒たちがまとめた『宝探し～未来へつなぐわが町』と題した小冊子が届きました。自分たちが感じた感想や思いなども一緒に書かれていて、とても素晴らしい内容になっています。

中学三年生の彼らは震災当時は五歳。保育園や保育所、幼稚園に通っていた園児だったのです。先生の話によると、震災前の記憶はほとんどない、なんとなくぼんやり憶えている子も少しはいるかな?という程度の世代だそうです。彼らが育ってきたこの一〇年というのは、ハード面でもソフト面でもかなり厳しい状況だったに違いありません。そして新しくできた今のまちは彼らにとっての故郷になることでしょう。その彼らが、震災前の記憶になってしまった元のまちのことを調べて、未来につなげようとするこの取り組みは、まさにこの本のサブタイトル「『記憶のまち』と『新たなまち』の交差から」を実践している本当に素晴らしい取り組みだと思います。この交差を生きる彼らの昔がたりはどんなだろうか……その頃にはもう生きてはいない私には聞くことができないけれど、数十年後にそんな語りの場があったらいいなと願っています。

第Ⅳ部

歴史実践としての「生存」の歴史

第7章 「生存」の歴史を「つなぐ」ということ
——私たちの「歴史実践」の中間総括

川内淳史

はじめに

二〇一一年五月一〇日、私は震災後はじめて陸前高田を訪れた。歴史資料ネットワークの一員として、陸前高田市立博物館所蔵の被災した資料のレスキューを手伝うためである。[1] それは私にとって二度目の陸前高田への訪問だった。二度目とは言っても、前回訪れたのは二〇〇七年の夏、当時所属していた大学院のゼミ旅行で、まさに「通りかかった」だけであり、途中立ち寄った「道の駅高田松原」の青々と広がる松原と、人びとが海水浴を楽しむ砂浜の光景が、かすかに記憶の片隅に残るといった程度であった。震災直後の陸前高田は、そんな記憶とまったく結びつかないほど一変していた（図1）。東日本大震災の津波被災地には、この前月に歴史資料ネットワークによる被災状況調査として、千葉県九十九里浜沿岸を訪れていた。その際にも津波被害の大きさに強い衝撃を受けたが、陸前高田で目にした光景は、まさに「言葉が出ない」ものであった。

図１　東日本大震災直後の陸前高田市街（2011年５月10日，筆者撮影）

その後同年八月、本書編者の一人である河西英通とともに、東北地方の太平洋沿岸を車で北上する機会を得た。当時は福島県南相馬市小高区から南は原子力災害にともなう警戒区域に指定されていたため、南相馬市から青森県八戸市までを三泊四日で走った。震災発生から五か月が経過していたが、四〇〇キロメートル以上に及ぶ海岸線の多くの地域は、いまだ津波の爪痕が生々しい状態であった。はじめて訪問した場所、震災以前から何度か訪れたことがあった場所とさまざまであったが、いずれも震災以前との断絶を思わされる光景であった。

この三泊四日の行程の途中に一度海岸を離れ、岩手県盛岡市を訪れた。このとき、それぞれ別の目的をもって岩手県を訪れていた大門正克、高岡裕之と岩手大学で会うためであった。そこでは、それぞれ被災した地域をまわり、見たことの感想とともに、東日本大震災をふまえて「歴史学」で何かできることはないのか、ということを話し合った。とはいえ、被災した地域を目にした強い衝撃と、そこで抱いたまとまらない感想や感慨が述べられただけで、話がまとまることはなかった。ただ、今にして思えば、このときのことが、その後の「生存」の歴史を掲げたフォーラムの開催と、本書出版のきっかけになったのは間違いない。(2)

その後、二〇一二年の新宿での連続講座から始まり、気仙沼、陸前高田、福島でのフォーラムを開催してきた私たちの取り組みは、すでに一〇年を超えるものとなっている。それらの成果は二冊の本として出版し、私たちが拠って立つ「生存」の歴史学に対する認識を深めてきた〔大門ほか編 二〇一三、大門ほか編 二〇一九〕。一方で東日本大震災の発生から一〇年以上が経過した現在、「被災地」となった地域は着実に変化しつづけている。その変化の様相は、被害や復興事業の規模、被災後の各々の地域がおかれた状況などに規定されてさまざまであるが、たとえば被災地のなかでもとりわけ大規模な復興事業が実施された陸前高田では、「もと暮らしていた町の様子を思い出すための縁は、完全に消失しつつある」との感覚を得るほどの大きな変化〔友澤 二〇一八〕、すなわち巨大な「喪失」ももたらされている。しかしながら、一方で被災地の変化には、そのような「喪失」に抵抗するかのような様相もまた、震災からの歩みのなかに見えはじめている。それは「喪失」としての変化に対して「創造」としての変化とも言うべきであろうか。ここで言う「創造」とは、いわゆる「創造的復興」論で述べられる「創造」とは一線を画す。すなわち被災地の新たな「生存」のあり方の土台となる「創造」と言えるものであろう。

こうした認識の前提には、「生存」の歴史を掲げた「歴史実践」を続けてきた私たち（本書の編者＋石井勤、角田三佳）自身の認識の深化が関連している。そこで本章では、やや迂遠ではあるが、これまでの私たちの「歴史実践」の軌跡を筆者なりに振り返ってみるとともに、本書の前提となった「陸前高田フォーラム２０２１」で出された論点を手がかりに、私たちの「歴史実践」が到達した地点の中間総括を行いたい。

１　私たちがめざしたもの――「歴史実践」の軌跡

「生存」の歴史の視点

私たちの「歴史実践」を振り返る前に、私たちが掲げてきた「生存」の歴史が含意するところを述べておきたい。歴史学において「生存」の概念が提起されたのは、二〇〇八年の歴史学研究会大会全体会における大門正克報告からである〔大門　二〇〇八〕。大門は、この「生存」という概念を、従来の歴史研究で別個の課題として扱われてきた「労働」と「生活」の双方を含む概念と規定すると同時に、この「生存」概念が構造と主体の関係性を問い、とりわけ主体の側の視点を確保しうる概念であることを提起した。この大門の提起は、「言語論的転回」や「国民国家（批判）論」などにより、従来の歴史学の方法論や認識論に疑問が投げかけられた一九九〇年代以来の歴史学の状況をふまえて、歴史のなかに「生存」する主体を位置づけ直すことで、「生存」（する人びと）という視点から歴史学の方法論を再考しようとするものであった。また同時に、そうした問いは、二〇〇〇年代に入って顕著となった「新自由主義」のもとでの人びとの「生存」の困難さが念頭におかれており、そうした現在の我々自身の「生存」のあり方と、歴史に示される過去の人びとの「生存」のあり方を結びつけながら考える視座として提起されたものでもある（第8章参照）。

こうした大門による「生存」概念の提起を筆者なりに受けとめるならば、人が「生きる」ことを基本的な視点としながら、「過去」と「現在」の相互交渉のプロセスのもとで「歴史」をとらえること、これが「生存」の歴史の視座であると考える。

「生存」の歴史を軸とした「歴史実践」の始まり

前述のとおり、東日本大震災の発生を受け、歴史学がなしうることを話し合うところから、私たちの取り組みはスタートした。私たちがはじめて全員で顔を合わせたのは、二〇一二年二月一二日である。私たちの一人、石井勤は当時、朝日カルチャーセンターの社長を務めており、同センター新宿教室での連続講座の開催が、私たちの活動の第一歩であった（図2）。このとき、議論の前提として石井より講座の目的として以下の点が示された［大門ほか編　二〇一三：あとがき］。

(1)「生存の歴史学」によって東北の歴史と現実を描き直す
(2)生存をキイワードに東北とこの国全体のあるべき姿を問い直す
(3)東北をキイワードに歴史学のあり方を問い直す
(4)講座の記録化

まず私たちはこの四点を全員の共通理解としたうえで、連続講座にあたっては、①3・11後の事態・現実からはじめる、②テーマごとに東北の歴史をたどる、③これまでの「○○」についての理解を問い直す、この三点を共通のスタイルとすることを確認した。①と②は、この講座がたんなる東北の近現代史に関する歴史講座ではなく、「生存」の歴史学における、「過去」と「現在」の相互交渉のプロセスのもとでの「歴史」の描き方を意識したものであり、そのうえで③により、従来の認識の枠組みを問い直そうとしたものである。③の「○○」とは、「開発」（岡田）、「共通体験」（川内）、「福祉」（高岡）、「東北・東北人」（河西）、「絆」（大門）と、それぞれの講座のテーマにもとづいて設定された。

図２　朝日カルチャーセンター新宿講座

シリーズ・「生存」の歴史を掘り起こす
東北から問う近代 120 年

3・11 以降、歴史学者の間で「生存」という言葉が静かな決意を込めて語られている。人びとが生きてきた、その場所に立脚する。生きていくための人の営みと人の生き方を規定するさまざまな要素に目をこらし、歴史を編み直す──。「生存」に軸足を置いて東北の近現代史を掘り起こし、歴史が照らし出すものを読み取る。3・11 後をどう生きるか。歴史学の新たな挑戦がいま始まる。

①災害と開発から見た東北史　京都大学教授　岡田知弘
②総力戦と東北人　歴史資料ネットワーク事務局長　川内淳史
③東北の地域医療と「福祉国家」　関西学院大学教授　高岡裕之
④近代日本と東北・東北人論　広島大学教授　河西英通
⑤生活を改善し、記録した時代　横浜国立大学教授　大門正克

日　時　2012 年　4月25日〜6月27日　18:30-20:00
受講料　各2回　会員・一般 4,200 円
（入会金は 5,250 円。70 歳以上は入会無料、証明書が必要です）
学生会員　1,000 円
（大学生は入会金 2,625 円。学生証をご提示ください）
申し込み　お電話でお申し込みいただくか、WEBサイトからお申し込みください。

※ご入会の優待制度をご利用の方は、お申し出ください。
※日程が変更されることがありますので、ご了承ください。
※講師の病気や、受講者が一定数に達しない場合などには、講座を中止することがあります。
※個人情報は、受講連絡、当社からのお知らせ、企画の内部資料として使わせていただきます。

朝日カルチャーセンター　朝日JTB・交流文化塾　新宿
〒163-0204 東京都新宿区西新宿2-6-1 新宿住友ビル内 私書箱22号
tel 03-3344-1945
http://www.asahiculture.com/shinjuku

二〇一二年四月から六月にかけて全一〇回で開催された連続講座では、毎回の講座を講演者間で共有するための「朝カル通信」と題する実施報告を作成し、講座全体のなかでお互いの講座の位置を明確化し、各回を通してバトンがつながるよう心がけられた。会場が新宿であった関係上、参加者の多くは首都圏在住者であり、参加人数は四〜三二名と回ごとに開きがあったが、全講座に参加してくれた一般参加者である三名の「コアメンバー」を中心に、毎回、講座

の内容をめぐって講演者と受講者との関係を超えるような応答が行われ、議論が深められていった。[3]そこでは、研究成果を発表する講演者とそれを学ぶ受講者という関係性は融解しており、参加者全員が「歴史」を通じて東北の「現在」を考えようとする機運に満ちた「場」が生まれていた。

この連続講座は、東日本大震災の発生を受けて、「歴史学に何ができるのか?」を考えた私たちが、これまで研究フィールドとしてきた東北の近現代史をベースに、それを「生存」の歴史学のもとで描き直そうとするところからスタートしたものであった。しかしながら実際に講座を行ってみると、講座の「場」そのものがもつ重要性が浮き彫りとなった。その「場」自体が何かを生み出す契機となるという感覚である。そうしたことから、いつしか私たちは、講座の開催を私たちによる「歴史実践」としてとらえるようになっていった。

現地フォーラムの開催と課題・成果

新宿での連続講座ののち、私たちは実際に被災した地域でのフォーラム開催を企画していくことになる。被災地域でのフォーラム開催の構想は、連続講座の構想段階ですでにもっていたが、[4]さまざまな条件を考慮し、二〇一二年八月下旬に宮城県気仙沼市で開催することに決定した(図3)。

気仙沼フォーラムの開催にあたり、私たちはまず現地でフォーラムを開催することの位置づけを整理し、その意義を確認し直すところから始めた。前述のとおり新宿での連続講座は、私たち(講演者・主催者)と参加者(主に首都圏在住の受講者)が共通の「場」をもつことの重要性を認識させるものであったが、現地でのフォーラム開催に際しては、そこに現地の参加者が加わることになる。まず、この三者が「歴史」を通じて東北の「現在」を考えることの重要性が確認された。そのうえでフォーラムでは、「私たち歴史研究者が現在の朝カル講座の成果を現地の人に伝えることを基本とし、そのうえで現地の人と交流する」[5]ことに留意した。そして各講座では私たちの歴史研究の成果を発表し、それに対して現地の参加者がコメント的発表を行うというスタイルを基本とした[6]。

図３ 気仙沼フォーラム

　このようなスタイルとなった背景には、現地に押しかけるようなかたちでフォーラムを行うのであれば、私たちの考える「生存」の歴史のメッセージを、同じ「場」を共有する参加者に届けたいという強い思いがあった。実際、フォーラム後の参加者アンケートを見ると、その目的はおおむね成功したと考えている。しかしながら、ある参加者のアンケートに「現地の人の話の圧倒的なリア

リティを前にして、歴史学は無力というか微力だな」と記されたように、「歴史」と「現在」を往還させるという点には、なお課題が残るものであった。フォーラム当日、安部甲氏が発した「隔靴掻痒の感」〔安部　二〇一三〕という感想や、川島秀一氏による「今回の東日本大震災でもそうであったように、三陸沿岸に津波が襲うたびに、『三陸』や『東北』というイメージが、中央から焼き直しにせよ、とらえられていくという歴史を何度も積み重ねてきた」〔川島　二〇一三〕という苛立ちにも似た発言は、そうした私たちが「歴史」に託して発しようとしたメッセージと「現在」との、ある種の〝噛み合わなさ〟を反映するものであった。

しかし一方で、この気仙沼フォーラムでの経験は、私たちの「歴史実践」にとって大きな意味をもつものであった。とくに、大津波という自然の脅威に直面しながらも、それでも自然を抜きにしては語ることのできない地域の暮らしのあり方を目の当たりにしたことで、私たちの「生存」にとって「自然」との関係は不可欠なものであるとの認識を得ることになった。これをふまえて、気仙沼フォーラム後に出版した一冊目の本では、「生存」の仕組みとして表1のような整理を行った〔大門　二〇一三〕。

またそれと同時に、被災した地域で「歴史」を軸に「場」を設定していくうえでは、私たち自身のこれまでの研究蓄積から一歩足を踏み出し、その地域の「歴史的蓄積」自体に耳を傾け、そこから思考を始める必要があるとの認識をもつにいたった。一冊目の本の編集が一段落した二〇一三年四月に行われた打ち合わせでは、今後の方向性として、①「生存」の仕組みの一層の追究、②歴史実践としての講座の継続、③講座を開催する現地の「歴史的蓄積」を解明する、この三点を確認し[7]、今後、岩手県（二〇一三年）、福島県（二〇一四年）での現地フォーラムを開催することを決定した。

表１ 「生存」の仕組み

A	人間と自然	（人間と自然の物質代謝）
B	国家と社会	（国家の性格，社会の構成）
C	労働と生活	（支配的経済制度，労働といのち，地域循環型経済）

「過去」と「現在」をつなぐ「生存」の歴史

こうして私たちの「歴史実践」は継続されることになったが、これ以降、そのスタイルを大きく変えることになる。前述のとおり、現地において「歴史」を軸に語る際、現地の「歴史的蓄積」を前提とする必要性を痛感した私たちは、フォーラムの開催前に現地へと赴き、そこに住む人たちとの対話を積み重ねることによってフォーラムの課題を追究しようとするようになった。またフォーラム当日においても、気仙沼フォーラムでとったような、私たちの研究発表を主とし、それに対して現地の人からコメントをもらうというスタイルを改め、一つの講座で私たちと現地の人がそれぞれ話をし、対話を通じて講座のテーマを深めていくという、「対話」を重視するスタイルを採るようになった。

二〇一三年九月に開催した陸前高田フォーラム（図４）で、プレ企画として行われた佐々木利恵子氏と大門との対話からは、地域の人びとに支えられつつ「過程」を大事にしてきた陸前高田の保育がもつ「歴史的蓄積」と震災後の「現在」とのつながりが示された。また第一講座では、震災後の陸前高田で文化財レスキューに携わる熊谷賢氏と、東北論を考究する河西、資料保全に携わる筆者の三者の対話がなされ、地元参加者のアンケートに「私たちのくらしを取りまくすべてが、歴史と文化にかかわるという認識を得られてよかった」と記されたように、「歴史」が私たちの「現在」を支えているという認識が共有された。陸前高田フォーラムは「歴史が照らす『生存』の仕組み」と題して実施されたが、それは大津波によって多

図４　陸前高田フォーラム

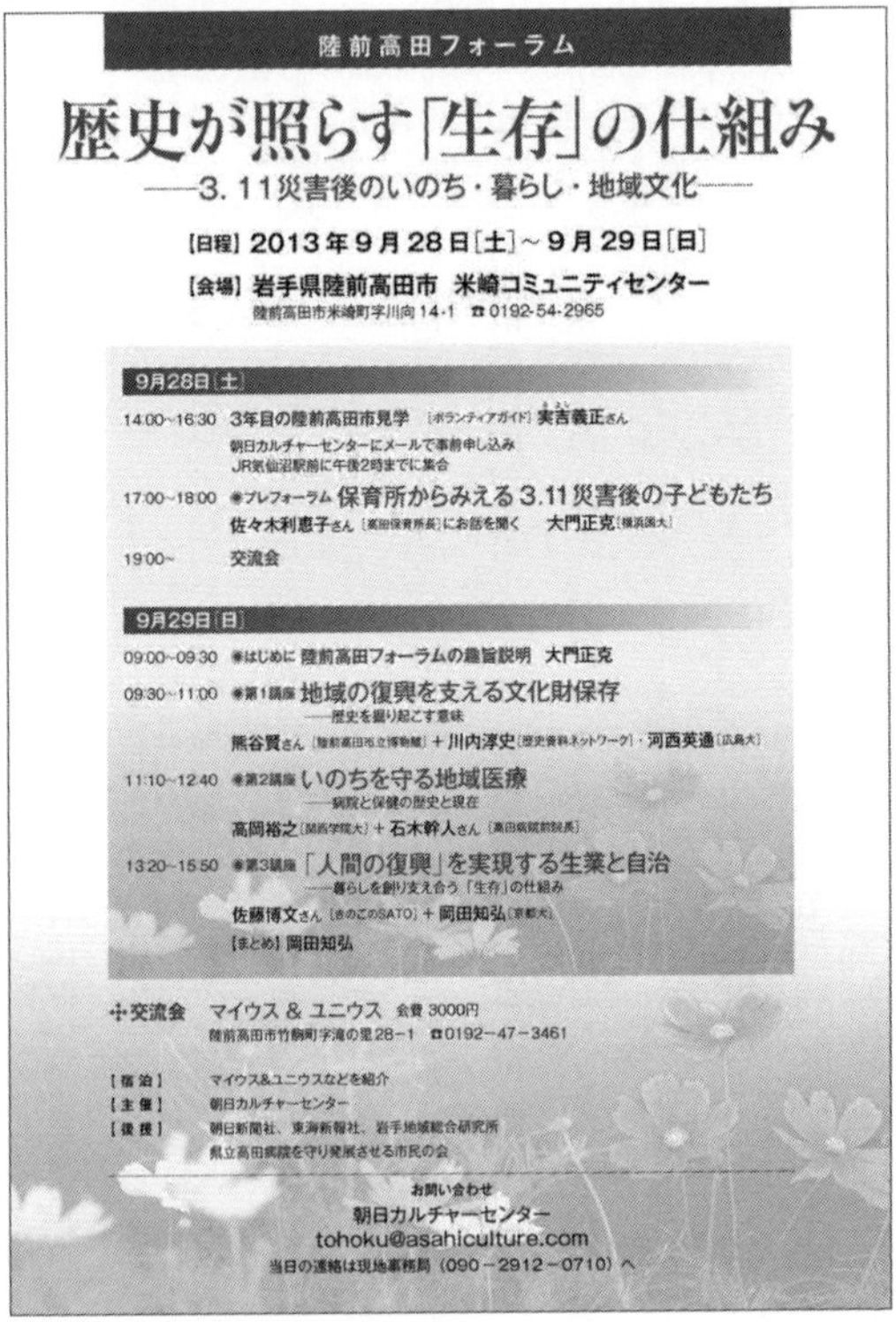

くが奪い去られた被災地域において、その足元で積み重ねられた「生存」の歴史を掘り起こすことが、３・11後の人びとにとっての「生存」を支える足場となるということを含意したものであった。「歴史」と「現在」をめぐる対話の積み重ねから「生存」の歴史を構想するスタイルが、この陸前高田フォーラムを機に始められた。

一方、陸前高田フォーラムの翌年に予定していた福島フォーラムは、結果的には当初の予定より約半年遅れの二〇一五年二月に開催した（図５）。福島が気仙沼・陸前高田フォーラムと決定的に異なっていたのは、やはり原子力災害の問題であった。福島フォーラムの開催に向けて協力を依頼したある現地関係者は、とくに原発事故被災地域の人びとは、人間と自然の関係やコミュニティが分断され、地域の歴史とは無縁化された「生存」を強いられていること、それは言わば「歴史との分断」であると表現され、その問題を見つめることなしには「歴史実践」は成り立たないとの危惧を呈された。この批判は、私たちが示した「生存」の仕組みのあり方を正確に理解されたうえでなされたものであり、私たちは、この「分断」の問題を真正面から引き受けることなしには先に進むことができないと認識させられた。そこで私たちは、この問題を引き受け、議論を重ね、二〇一四年九月には現地の人たちとの対話のために福島を訪れて、率直な意見交換も行った。

図５　福島フォーラム

この対話をふまえて開催した福島フォーラムは「歴史から見つめ直す『生存』の場——分断を越えて」と題した。ここでの重要なポイントも、福島の「歴史的蓄積」を示す文化財や歴史資料の問題であった。福島フォーラムの講座Ⅰでは、阿部浩一氏と吉野高光氏による文化財レスキューの報告を受け、そこに筆者が加わって対話を行うことで、文化財レスキューを、

文化財や歴史資料という「モノ」を救う活動にとどまらない、福島の歴史の「分断」を乗り越える道として位置づけようと試みた。それをふまえ筆者は、阪神・淡路大震災以来、奥村弘らが提唱する「地域歴史遺産」の概念[8]をもとに、「地域歴史遺産」が人びとの「生存」の歴史を支え、つないでいくものであると位置づけ直した［川内　二〇一九］。

陸前高田フォーラムと福島フォーラムを経て二〇一九年に二冊目の本を出版した私たちは、「生存」の歴史学の構成要素を表2のように示した［大門　二〇一九］。すなわち、「生存」の歴史学は、一冊目の本で示した「生存」の仕組みに加え、「『生存』する（生きる）ことの側から考える」こと、人びとの「生存」が資料と歴史（地域歴史遺産）によって支えられていること、さらに歴史と現在のなかで考えること、という四つの視点で構成される。とくに人びとの「生存」が資料と歴史によって支えられることは、「生存」の歴史学にとって重要な要素となっている。

この点について、現在、西村慎太郎らによって進められている福島県浜通り地域の「大字誌」編纂の取り組み[9]をふまえて考えると、災害という過酷な経験を乗り越えていくうえで、「歴史との分断」を克服し、地域の「生存」の歴史をつなぐことは、震災から一〇年以上が経過した今日ますます重要な課題になっていると考えている。

2　「生存」の歴史をつなぐ――一〇年目の「歴史実践」

表２ 「生存」の歴史学の構成

・「生存」の仕組み 　A　人間と自然 　B　国家と社会 　C　労働と生活 ・「生存」することの側から考える視点 ・人びとの「生存」を支える資料と歴史 　文献，モノ，文化，記憶など ・歴史と現在の往還のなかで考える視点

「コロナ禍」のもとでのプレ・フォーラム

二冊目の本を出版した二〇一九年の暮、「分断」の問題はひとり被災地のみならず、私たち人間社会全体にとっても大きな問題として覆いかぶさってきた。周知のように新型コロナウイルス感染症は、「ソーシャル・ディスタンス」の要請のもと、私たちの物理的な距離を「分断」した。震災から一〇年目を前に新たに出現したこの「分断」に対して、私たちは否が応にも向き合わざるをえない状況となった。

震災から一〇年を機に、私たちは再び陸前高田において現地フォーラムの開催を模索しており、そのための議論の場として二〇二〇年八月に、陸前高田でのプレ・フォーラムの開催を企画していた。しかしながら同年三月からの日本国内での流行第一波の発生を受け、四月には全国への緊急事態宣言の発出、さらに七月には第一波の感染者増加のスピードを上回る第二波の発生を受け、開催は延期を余儀なくされた。結局プレ・フォーラムは同年一一月に開催することとなったが、従来のような現地に集まる形式でのフォーラム開催を断念し、オンラインにより開催することとなった（図６）。私たちの「歴史実践」は、これまで「生存」の歴史を掲げて「過去」と「現在」をつなぎ、「歴史との分断」を克服していくことの重要性を明らかにしてきたが、「新型コロナ」という事態は、同じ時間軸に発生した分断、すなわち人と人との「空間」の分断を克服することの重要性を提起した。プレ・フォーラムの趣旨文では次のように述べられている。

コロナ禍のもとでいま必要なことは、感染をくいとめることであり、さらに緊張と孤立のもとにある人と人とのつながりをつなぎ直すことです。このふたつを実現するためには、感染予防を徹底したうえで、地域社会のあり方を話し合う場をつくり、意見交換を進める必要があるのではないでしょうか。（中略）プレ・フォーラムは、コロナ禍のもとでの地域社会を見つめ直し、地域社会で話し合いの機運をつくりだすうえで、必ず資するものがあると私たちは確信しています。

プレ・フォーラムの三つの講座のうち、とくに印象的だったのが阿部裕美氏による報告である。阿部氏は、復興の過程で日々変わっていく陸前高田の姿を見て「これまでのまちの歴史や自分たちのくらしが全部なくなってしまうのではないかという不安」から、陸前高田の昔の姿を語り合い、記録していく場として二〇一六年より「陸前高田昔がたりの会」を立ち上げたが、会が「単なる記録だけではなく、スタッフや参加者全員の癒しの場となり、震災でバラバラになったコミュニティの再会の場」となったと述べた。「生存」の歴史は「過去」と「現在」という「時間」をつなぐものであるが、「過去」を「語る」ことを通じて「現在」の人と人とを結び、私たちの「生存」の「空間」をつなぐことができるということを、昔がたりの会の活動を通じてあらためて気づかされたのである。考えてみると、「新型コロナ」という事態のもとで現れた「空間」

の分断は、実は3・11で被災した地域ではとっくに起きていた出来事であり、私たちはその地点から3・11と「新型コロナ」を結びつけて考え、そして被災地域の経験から学ぶ必要があるように感じられた。

図６　陸前高田プレ・フォーラム2020

zoomの参加をお願いする皆さんへ

「陸前高田プレ・フォーラム2020」
を2020年11月1日（日）に開催いたします

2020年9月10日
2021陸前高田フォーラム準備委員会
大門正克（代表）　石井勤、岡田知弘、角田三佳、
川内淳史、河西英通、高岡裕之

開催の趣旨

●経緯

コロナ禍のもと、いかがお過ごしでしょうか。stay homeと社会的距離が要請されるなかで、人に会うことがままならない日々が続いていることかと思います。

私たちは、2012年より、宮城県気仙沼市、岩手県陸前高田市、福島県福島市で、歴史と現在の視点から復興を考えるフォーラムを開催してきました。その後、2021年に陸前高田市であらためてフォーラムを開催すべく、その前段階の重要な議論の場として、2020年8月

中略

内容

11時30分　開会挨拶　石井勤
司会　岡田知弘
第1フォーラム　11時40分〜12時50分
「高田の保育」から高田の歴史と蓄積を考える
報告　大門正克
第2フォーラム　13時30分〜14時30分
石巻市「雄勝ローズファクトリーガーデン」の試み
報告　徳水博志
第3フォーラム　14時45分〜15時45分
「陸前高田昔語りの会」での聞き書きについて
報告　阿部裕美
コメント　15時45分〜16時
川島秀一
16時　閉会挨拶　角田三佳

●zoom参加のお願い

ぜひ多くの方にzoomによる陸前高田プレ・フォーラムに参加をしていただきたく思っております。参加可能な方は、以下の連絡先までメールで連絡をお願いします。

なお、プレ・フォーラムには一部の参加でも大丈夫です。また、感染状況によっては、プレ・フォーラムをあらためて延期（中止）することがあります。

また同時に、被災から一〇年近くが経過した陸前高田では、そうした「つなぐ」試みが日々積み重ねられ、それもまた陸前高田の「生存」の歴史の一部になりつつあるという変化を感じることができた。二〇一三年の陸前高田フォーラムでは、私たちは「生存」の歴史を掘り起こすことで、それが3・11後の人びとの足場になるという認識に立っていた。しかしながらそれから七年が経過した陸前高田においては「生存」の歴史は掘り起こされるだけのものではなく、日々創造されるものとして見えたのである。「生存」の歴史を能動的に「つなぐ」ことによって生まれる創造の一方で、被災と「復興」がかつてあった「生活」の足跡を消し去る「歴

史との分断」、この創造と喪失の結び目をどのように考えるか。この課題は翌年のフォーラムへと持ち越された。

「生存」の歴史を「更新」する

上記の課題意識のもと、「『生存』の歴史をつなぐ――震災から10年、記憶の町と新たな町の交差から」と題した陸前高田フォーラム2021を開催した（図7）。このフォーラムも、当初は二〇二一年九月に開催する予定であったが、新型コロナ第五波、および四回目の緊急事態宣言発出を受け、同年一二月に延期して開催した。しかしながら幸い流行の谷間の開催であったため、今回はオンラインも併用しつつ現地会場も設けるハイブリッド形式で開催した。

図7　陸前高田フォーラム2021

陸前高田フォーラム 2021

「生存」の歴史をつなぐ

震災から 10 年、記憶の町と新たな町の交差から

2021 年 12 月 4 日（土）14 時 30 分～17 時　「高田の保育」の散歩コースを歩く
案内　佐々木利恵子さん

2021 年 12 月 5 日（日）9 時 45 分～17 時
会場　陸前高田市民文化会館「奇跡の一本松ホール」大練習室

9:45～9:50 開会挨拶　　石井勤

9:50～11:20 **第 1 講座　震災からの 10 年を振り返る**
――復興の取り組みと地域構造の変化
第 1 報告　阿部勝（陸前高田市役所）
行政の立場から復興の 10 年を振り返る
第 2 報告　岡田知弘　　陸前高田の地域形成史と震災復興の地域構造
11:20～11:30 休憩

11:30～13:00 **第 2 講座　陸前高田の「子どもの世界」**
――人が育つということ
第 1 報告　大門正克　　「高田の保育」が映し出す「子どもの世界」
第 2 報告　菅野義則・齊藤彩佳（陸前高田市立図書館）
新しい居場所としての市立図書館
13:00～14:00 昼休み

14:00～15:00 **第 3 講座　陸前高田の歴史とあゆむ**
第 1 報告　河西英通　　地域の姿を記憶・記録する――多様な試み
第 2 報告　古谷恵一（マルゴト陸前高田）
陸前高田に移り住む――未来への選択
15:00～15:10 休憩

15:10～16:40 **総合討論**
問題提起　川内淳史　フォーラム全体をふまえ、「生存」の観点から論点整理
討論、報告者によるリプライ
コーディネーター　川内淳史

16:40～16:45 閉会挨拶　　高岡裕之

陸前高田フォーラム 2021 実行委員会
大門正克（代表）　石井勤、岡田知弘、角田三佳、
川内淳史、河西英通、高岡裕之
連絡先　　大門正克　m747996@nifty.com

フォーラムでは、一日目に佐々

木利恵子氏の案内のもとで「高田の保育」の散歩コースを歩き、二日目には陸前高田市民文化会館「奇跡の一本松ホール」を会場に、三つの講座と総合討論を行った。各講座の内容については本書所収の諸論考に譲るが、フォーラム全体を通じて重要なキーワードとなったのが、第二講座で示された「更新する」であった。菅野義則氏の報告に示された、震災後の「居場所としての図書館」というあり方や、大門報告で示された震災や時代によって「更新」されながらつながってきた「高田の保育」は、プレ・フォーラムで残された課題である「創造と喪失の結び目」を考えるうえで重要な視座を与えるものである。すなわち、大津波で破壊された陸前高田の街と地域には、その破壊と復興のもとで巨大な喪失がもたらされた。しかし、その一方で「以前にできていたことはしようね」［大門ほか編　二〇一九：対話四］とする佐々木氏たちの保育実践や、お茶っこを飲みながら昔がたりをする阿部裕美氏の実践からは、こうした「喪失」としての変化に抗する、「変わらない」ことをつなげる「創造」としての変化のあり様を見ることができる。そこには「生存」の歴史における「変化」のプロセス――すなわち「更新」のプロセス――を考える糸口がある。

以上をふまえて、これまで私たちが示してきた「生存」の歴史学の見取り図は、図８のように「更新」される。すなわち、人びとの「生存」のあり方は、三つの要素から成り立つ「生存」の仕組みと、「生存」する（生きる）という人びとの主体的行為との関係で成り立つ。人びとの「生存」のあり方は、その過程や痕跡を示すものとして資料や文化、記憶など「地域歴史遺産」を生み出すとともに、またそれは「生存」を支える基盤ともなっていく。すなわち「生存」の歴史学から見た「地域歴史遺産」とは、人びとの「生存」の「結果」として生まれる（生きてきた証）ものであると同時に、人びとの「生存」の「過程」に関与する（生きている証）と言える。

図８　「生存」の歴史学の構造と過程

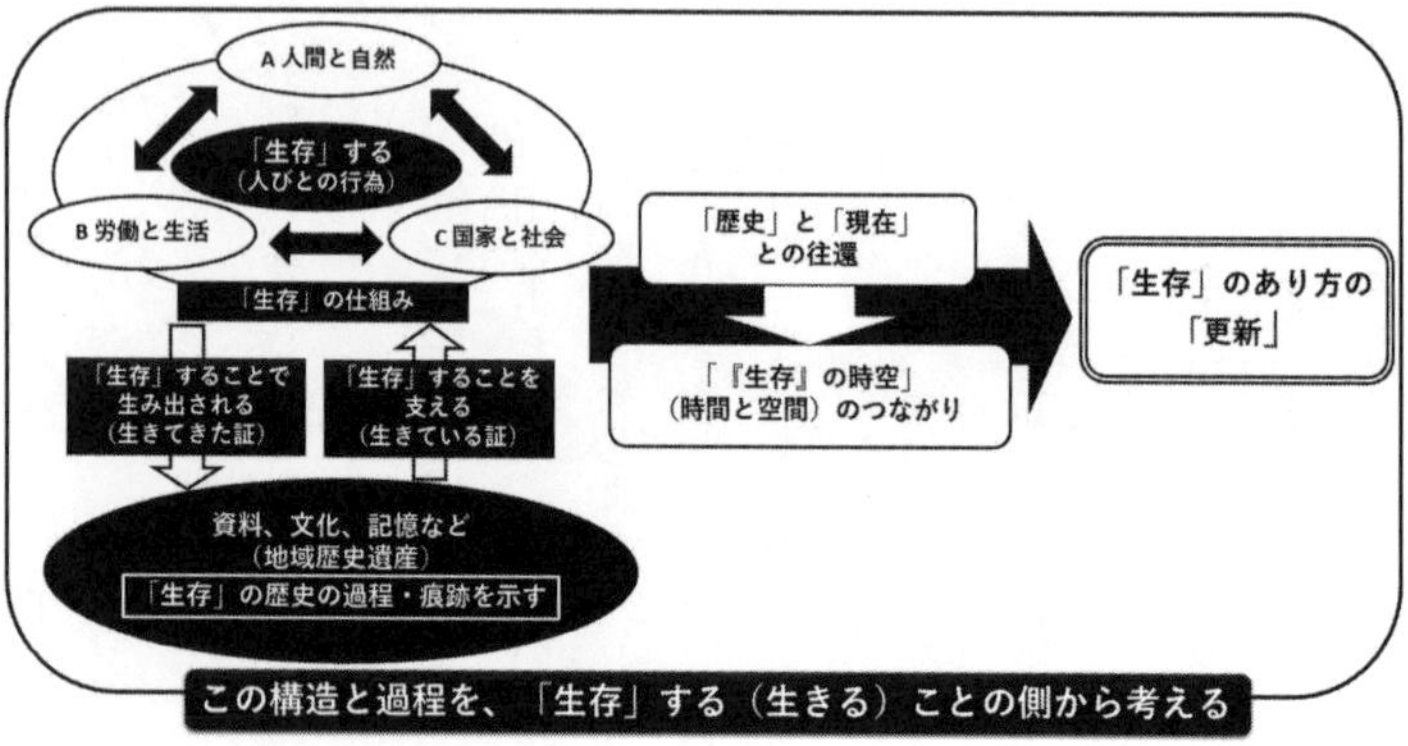

この相互連関に目を凝らし、「歴史」と「現在」を往還することで「『生存』の時空」（時間と空間）につながりが生まれる。このつながりは「生存」の仕組みの構成を変化させ人びとの「生存」のあり方を「更新」させる。そしてそれを、「生存」する（生きる）ことの側から考える営みが、私たちが「歴史実践」のなかでたどり着いた「生存」の歴史学の構造と過程だと言える。

３・11以後の一〇年間とは、巨大な喪失にさらされた地域が、「生存」の歴史の変化のプロセスを続けた時間であったとも言うことができる。つまり、破壊と喪失のもと、一見すべてが失われてしまったかのように見えて、実はそこにはこの地で「更新」しながらつながってきた「生存」の歴史がなお残されていた。この残された「生存の歴史は、３・11後の「生存」のあり方をつくりかえていく足場となるものであり、そこからまた新たな歴史をつむいでいくものでもある。さまざまな「分断」にさらされている現在の私たちは、被災した地域がたどった一〇年間の経験に、多くを学ぶ必要があろう。大事なのは、この変化のプロセスを見つめる営みを手放さないことである。

おわりに

思い起こせば東日本大震災という事態は、私たち自身の存在そのものを問い直す必要性を惹起したはずであった。震災直後、多くの論者が「３・11がこの国のカタチを変える」ことを声高に主張したが、その問題意識は、震災から一〇年以上が経過した現在、はたしてどれほど続いているのだろうか。記憶の「風化」という問題以上に、あのときに私たち皆が感じた切実さが、どこかに置き去りにされてしまっているのではないか、という感が拭えない。

東日本大震災以降、陸前高田を見つめつづけてきたアーティストの瀬尾夏美による「二重のまち」は、次のような文章で始まる［瀬尾　二〇二一：一二］。

ぼくの暮らしているまちの下には
お父さんとお母さんが育ったまちがある
ある日、お父さんが教えてくれた

ぼくが走ったり跳ねたりしてもびくともしない
この地面の下にまちがあるなんて

ぼくは全然気がつかなかった

ここで言う「下のまち」とは、私たちがとらえる「生存」の歴史そのものである。あの震災に際して「歴史学は何ができるのか?」という問いを出発点とした私たちの「歴史実践」であったが、その答えは「この下にまちはある」と言いつづけることだったのではないか、と今となっては思わずにいられない。

震災一〇年目のフォーラムを終えた私たちは、二〇二二年九月に福島県浜通り地域での調査を行った。原子力災害の影響が今も続く浜通りでの「歴史実践」は、現在進行形で進む「歴史との分断」と、それをつなぐ「生存」の歴史のあり様を見つめ直す旅の入口である。この「歴史実践」は、私たちの構想する「生存」の歴史学をさらに「更新」させるものとなると確信している。それを共有し、ともに考える「場」としての新たなフォーラムで、またいつの日か皆さんとお目にかかりたいと考えている。

注

（1）陸前高田での被災資料レスキュー（文化財レスキュー）については、熊谷・砂田［二〇一二］、熊谷［二〇一九］などを参照。

（2）『生存』の歴史」を掲げた私たちの取り組みの経緯については、大門［二〇一二］も参照。

（3）大門正克は、こうした講演者と「コアメンバー」との応答について、筆者（川内）が担当した講座を取り上げ、「私たちに受講生とのかかわりの重要さを教えるものだった」とする［大門　二〇一二］。実際に筆者にとってもこの経験は、通常の歴史講演会とは異なるある種の緊張感と、この応答から自身の考えを見つめ直し、深めていく大きなきっかけとなるものであったことが思い起こされる。

（4）なお当初は、新宿での連続講座ののち、二〇一二年七月に連続講座を総括するシンポジウムを開催する予定であったが、現地講座開催の準備に力を注ぐため、五月の段階で中止を決定した（「朝カル通信」四号、二〇一二年五月一八日）。

（５）二〇一二年六月一五日付打合せ資料。

（６）気仙沼フォーラムについては、大門ほか編［二〇一三］を参照されたい。

（７）二〇一三年四月二二日付打合せ資料。

（８）「地域歴史遺産」については、奥村［二〇一三］などを参照。

（９）西村らによる大字誌編纂の取り組みについては、西村編［二〇二三］などを参照。

文献一覧

安部　甲「内と外の東北の断層」大門正克ほか編『「生存」の東北史――歴史から問う３・11』大月書店、二〇一三年。

大門正克「序説『生存』の歴史学――『一九三〇～六〇年代の日本』と現在との往還を通じて」『歴史学研究』第八四六号、二〇〇八年

――「歴史実践としての朝日カルチャーセンター講座――３・11後、東京から気仙沼へ」『同時代史研究』第五号、二〇一二年

――「『生存』の歴史――その可能性と意義」大門正克ほか編『「生存」の東北史―歴史から問う３・11』大月書店、二〇一三年。

――「『生存』の歴史をつなぎ直す――分断を越える道を探る」大門正克ほか編『「生存」の歴史と復興の現在――３・11 分断をつなぎ直す』大月書店、二〇一九年

大門正克・岡田知弘・川内淳史・河西英通・高岡裕之編『「生存」の東北史――歴史から問う３・11』大月書店、二〇一三年

大門正克・岡田知弘・川内淳史・河西英通・高岡裕之編『「生存」の歴史と復興の現在――３・11 分断をつなぎ直す』大月書店、二〇一九年

奥村　弘「地域歴史遺産という可能性―豊かな地域歴史文化の形成のために」神戸大学大学院人文学研究科地域連携センター編『「地域歴史遺産」の可能性』岩田書院、二〇一三年

川内淳史「災害が断ち切る『日常』の記憶　つなぎ止める地域歴史遺産」大門正克ほか編『「生存」の歴史と復興の現在――３・11 分断をつなぎ直す』大月書店、二〇一九年

川島秀一「三陸の歴史と津波――海と人とのつながり」大門正克ほか編『「生存」の東北史――歴史から問う３・11』大月書店、二〇一三年。

熊谷　賢「地域の自然・文化・歴史を伝える宝を残すために――陸前高田市立博物館の取り組み」大門正克ほか編『「生存」の歴史と復興の現在――3・11分断をつなぎ直す』大月書店、二〇一九年
熊谷賢、砂田比左男「陸前高田市の被害状況――博物館施設を中心に」国立歴史民俗博物館編『被災地の博物館に聞く――日本大震災と歴史・文化資料』吉川弘文館、二〇一二年
瀬尾夏美『二重のまち／交代地のうた』書肆侃侃房、二〇二一年
友澤悠季「ここはここのやり方しかない――陸前高田市『広田湾問題』をめぐる人びとの記憶」中田英樹、高村竜平編『復興に抗する――地域開発の経験と東日本大震災後の日本』有志舎、二〇一八年
西村慎太郎編『地域住民と共有する歴史と文化――大字誌の地平』国文学研究資料館、二〇二三年

第８章

「東北フォーラム」の軌跡を振り返る

――歴史学のなかの「生存」の歴史学

高岡裕之

はじめに

二〇一一年三月一一日に起こった東日本大震災の衝撃を受けて、私たちが「生存」をキーワードとして近代東北の歴史を問い直す取り組みをスタートさせたのは、二〇一二年のことであった。同年四月からの新宿朝日カルチャーセンターの連続講座に始まったこの取り組みによるイベントは、同年八月に気仙沼市で開催した「気仙沼フォーラム」以降、現地で行われるようになり、二〇一三年には「陸前高田フォーラム」、二〇一五年には「福島フォーラム」、二〇二一年には「陸前高田フォーラム２０２１」を行った。これらのイベントの過程では、現地における史料調査やインタビューが行われ、またその成果を広く発信するため、二〇一三年には『「生存」の東北史』、二〇一九年には『「生存」の歴史と復興の現在』も刊行された（詳細は第７章）。

私たちの取り組み（以下「東北フォーラム」と総称する）は、東日本大震災という巨大な災害を目の当たりにして、歴史学研究者も何かしなくてはならないという想いから始まったのだが、その前提には、何らかのかたちで東北の近現代史を研究してきた私たちが共有していた問題意識があった。その一つは、これまでの日本近現代史は、東北地方の歴史に対して、あまりにも関心を払ってこなかったのではないかという反省である。だがこの反省は、なぜ東北地方の歴史は軽視ないし無視されてきたのだろうか、という問いに結びつくものでもあり、それゆえ私たちは、歴史学研究の方法を見直す必要があるのではないかという問題意識をもつようになっていた。そのような私たちが全体の指針としたのが、二〇〇八年から大門正克が提唱していた「生存」の歴史学という方法であり、①「『生存』の歴史学によって東北の現実を描き直す」、②「生存をキイワードに東北とこの国のあるべき姿を問い直す」、③「東北をキイワードに歴史学のあり方を問い直す」という方針が合意されることになった〔石井 二〇一三：三〇六〕。

その後の私たちの取り組みは、おおよそこの方針に沿って進められたと言ってよい。とはいえ、各フォーラムの準備過程では、具体的内容をどのようなものにすべきか、なかなか議論がまとまらず、文字通り試行錯誤の繰り返しであった。そしてそのなかで、私たちの取り組みの力点には変化が生じ、扱われるテーマにも変化があった。こうした変化は、それ自体が「生存」の歴史学が変化するプロセスでもあり、そのことの意味は、大門自身がその都度、整理しているとおりである。しかしながら、「東北フォーラム」という「実践」の含意は、現在でもなお、広く理解されているとは言えない状況にあるように思われる。そしてそれは、「生存」の歴史学が提起された史学史的文脈が、今日ではもはや見えにくくなっている状況と無関係ではないように考えられる。そこで以下では、今さらではあるが、「東北フォーラム」および「生存」の歴史学の背景をなしている事情を説明することを通じて、私たちの取り組みの意味についての「解題」を行ってみたい。

1　私の「東北フォーラム」前史——東北地方の地域医療史

冒頭に記したように、「東北フォーラム」に集うことになった私たちと東北地方の歴史とのかかわりは、決して一様ではない。そのなかで私自身の東北地方の歴史とのかかわりは、「東北フォーラム」および「生存」の歴史学の含意を説明するうえで、比較的わかりやすい事例であるように思われる。

私は、二〇一二年の新宿講座と「陸前高田フォーラム」の双方で、東北地方の地域医療をテーマとした報告を行い、『「生存」の東北史』ではその内容を岩手県の事例に絞るかたちで執筆した。このような東北地方の地域医療の歴史について、私が関心をもつようになったのは一九八七年のことである。当時私は日本「ファシズム」を研究課題としていたが、修士論文のテーマの選定に呻吟し、本来一九八六年度に提出すべきであった修士論文を断念して、新たなテーマを模索していた。そのような私が出会ったのが、秋田県厚生農業協同組合連合会編『秋田県医療組合運動史料』（一九七九年）という書籍であった。現在も地域医療を担っている秋田県厚生農協の「前史」についてまとめた同書には、一九三〇年代の秋田県において、多様な人びとが各地で医療利用組合による病院を設立していった経緯が生き生きと描かれていた。また同書との関連で、全国厚生農業協同組合連合会編『協同組合を中心とする日本農民医療運動史』（一九七九年）という図書の存在も知った。同書には、一九三〇年代には秋田県のような医療利用組合運動が全国的に展開しており、とりわけ北東北の青森県、岩手県、秋田県や新潟県などで大きな発展を遂げていたことが記されていた。

私は一九三〇年代の農村地方において、このような医療を求める運動が大きな発展を遂げていたことを知って衝撃を受けた。そのような「事実」は、当時私が読みあさっていた一九三〇年代の日本に関する歴史研究文献のどこにも書かれていなかったし、何よりそれは、一九三一年の満州事変以後の日本を「ファシズム」ととらえる当時の歴史像と相いれないように思われた。ここで当時の日本「ファシズム」研究について説明する余地はないが、そこで描かれるイメージをきわめて大雑把に言えば、軍部を中心とする「超国家主義」的な政治勢力が台頭して「国家総動員体制」が構築される一方、第一次世界大戦後に展開した「デモクラシー」の動きや社会運動は国家によって弾圧され、国民の自由は失われてしまったというものである。ところが、『秋田県医療組合運動史料』や『協同組合を中心とする日本農民医療運動史』が描く医療利用組合運動は、場合によっては社会運動指導者も参加する地域の自主的な運動であった。このような運動をいったいどう考えればよいのか。貧乏学生であった当時の私は、東北地方の図書館に調べに行くこともできず、もっぱら右の二つの図書に依拠しながら、それを強引に「ファシズム」論のなかに組み込んだ修士論文を提出したが、もちろんそれに満足はできなかった。博士課程に進んだ私は、一年の夏休みに意を決して、岩手・青森・秋田の各県立図書館の調査旅行を行った。これが私にとっての最初の東北地方旅行なのであるが、有意義な文献はほとんど見つけることはできず、史料調査という意味では完全な空振りに終わった。こうして東北の地域医療史の問題は、私にとっての「宿題」として残されることとなった。

その後の私は、右の「宿題」を念頭におきながら、医療の歴史に取り組んできたが、そこで直面した問題は数多い。その一つは、そもそも医療の問題をいかにすれば日本近現代史研究のなかに組み込むことが可能かという方法上の問題であった。今日でこそ、医療が人びとの「生存」を支える必要不可欠な制度であることについて、幅広い了解が成立しているが、一九八〇年代までの日本近現代史研究には、このような領域に関する関心は欠落していた。一九八〇年代に本格的な紹介が始まったフランスのアナール学派などの「社会史」は、病気や医療の問題を取り上げてはいたものの、そこで扱われるのはせいぜい一九世紀までであり、二〇世紀の日本に応用できるものではなかった。そのため私は、①一九一〇年代の日本において医療が「社会問題」化して「医療問題」が社会的に成立したという事実から出発し、②やがてそれが都市から農村へと拡大していったこと、③そこで求められたのは、何よりも病院であったが、都市部では公立病院、農村部では医療利用組合病院という形態をとることが多かったこと、④このような「医療問題」の拡大を前提に、戦時体制期の日本では「医療の国民化」がめざされたことなどを具体的に示すことによって、医療が日本近現代史研究にとっての重要な研究領域であることを論じてきた。そしてこうした作業を行う一方で、日本近現代史研究が、なぜこのような領域への関心を欠落させてきたのかという問題を考えてもきた（後述）。

右はいずれも、私が東日本大震災以前に行った医療史研究であるが、それらは同時に、東北の地域医療史という修士論文以来の「宿題」を果たすための作業でもあった。だが、肝心の東北の地域医療史に関する具体的研究は、なお準備段階にとどまっていた。歴史の研究を行う手始めは史料の収集であるが、二〇〇二年から北河賢三を中心に、東北の近現代史に関心をもつ大門正克、大串潤児、鬼島淳、中村一成、吉長真子、高岡裕之などによる岩手県の保健医療を中心とする共同研究がスタートし、現地の史料調査を行うことになった。調査対象は、岩手県立図書館のほか、岩手県庁、岩手医科大学、東北農業研究センター、岩手県国民健康保険団体連合会などを含み、一九三〇年代から五〇年代にかけての多くの関連史料を収集することができたことは大きな成果であった。この研究会は二〇〇〇年代いっぱい続き、その成果を論集にまとめることが計画されていたが、種々の事情により実現しないまま東日本大震災を迎えることとなった。

以上のように、東北の地域医療史の問題は、私の研究にとっての原点の一つであると同時に、いまだ果たせていない「宿題」でもあった。なお東北地方のうち、とくに岩手県については先述の共同研究での調査のほかに、森武磨を中心とする共同研究での調査や勤務先大学の仕事としての高校訪問（大船渡・釜石・宮古・久慈）などで幾度も訪問する機会があり、二〇〇二年には遠野・釜石でゼミ合宿も行っていた。そのような私にとって、東日本大震災、とりわけかつて自分が訪れた岩手県の沿岸地域が津波に呑まれ込まれていく映像は、言葉では言い尽くせない衝撃であった。そして同時に私を襲ったのは、積年の「宿題」を果たせていないことに対する自責の念であった。それゆえ私は、のちの「東北フォーラム」につながるプロジェクトの提案を受けたとき、迷うことなく参加することを決めた。

2　「戦後歴史学」・「現代歴史学」と「生存」の歴史学

前述のように、東北の地域医療史に関する私の研究が長い年月を要したのは、史料的問題と同時に、既存の歴史学研究の枠組みのなかにそれをうまく組み込むことができないためでもあった。この後者の問題は、先にふれた「ファシズム」の問題にとどまらず、「戦後歴史学」の性格そのものと関連している。「戦後歴史学」をいかにとらえるかには議論があるが、日本近現代史について言えば、その基軸をなしたのは「講座派」マルクス主義史学と、丸山眞男に代表される「近代主義」的社会科学であったと言ってよい。このうち「講座派」マルクス主義史学とは、「明治維新の基本的性格をブルジョア革命と見ず、天皇制国家権力の本質を絶対主義と見ること、日本資本主義と半農奴制的寄生地主制という異質の経済制度が構造的に結合していること、また日本資本主義は明治三〇年代に確立期に入るとほとんど同時的に帝国主義に転化し、軍事的性格を強め、全体として軍事的・半農奴制的資本主義というべき特種な型を形成」〔永原　二〇〇三：九三〕したといった、『日本資本主義発達史講座』（岩波書店、一九三二〜三三年）の基本認識を継承した学説体系である。このような「講座派」マルクス主義史学の大きな特徴は、近代日本を「近代」一般としてではなく、さまざまな面で前近代的・半封建的要素を残した「特殊な近代」ととらえ、そこから大日本帝国の専制的性格やその対外侵略・ファシズム化を理解しようとした点にある。それゆえ「講座派」マルクス主義においては、日本社会における前近代的・半封建的要素の克服（＝「民主主義」化）が主要な課題とされていた。

他方、丸山眞男らの「近代主義」的社会科学の特徴は、非マルクス主義のさまざまな方法論に依拠しながらも、「戦前日本社会が、『近代』としては西欧市民社会的近代に比べて、いかに『後進的』『未熟』もしくは『歪んだ』ものであったか」を強調するものであり、それゆえ「日本の戦前近代のそうした〝歪み〟〝未熟〟〝前近代性〟〝アジア的〟などと表現される側面の克服」を、戦後日本にとっての基本的課題とするものであった〔永原　二〇〇三：一五六〕。

右のような「講座派」マルクス主義史学と「近代主義」的社会科学の間には、戦争とファシズムの時代の経験にもとづく、「日本帝国主義の狂暴性と非合理性の基盤を除去するためには、政治・社会構造の徹底的な民主主義化・近代化が必要だ、という点での合意」があった〔後藤　二〇〇六〕。こうした「合意」は、敗戦後の多くの知識人が共有したものでもあり、それゆえ両者は、長らく戦後の日本近現代史研究の強固な枠組みとなった。

ところが、戦前日本の前近代的・半封建的性格を強調する「戦後歴史学」の枠組みにおいては、たとえば戦前日本における「福祉」関係領域での動きなどは、それが明らかに民主主義的運動や社会運動と結びついている場合を除いて、否定的にとらえられる傾向があった。社会政策の場合、「『慈恵的』、『恩恵的』という表現をもって劣悪さのみが強調され」る状況が長く続いたとされるが〔杉原・玉井編　一九八六：二五二〕、それは前述のような「戦後歴史学」の枠組みからすれば当然のことであった。

「戦後歴史学」はまた、東北地方を「後進地帯」として描くものでもあった。このような東北史像の問題点は、早くから河西英通が指摘し、私たちのフォーラムでも強調したところ〔河西　二〇一三〕であるが、「戦後歴史学」との関連におけるそのポイントは二つある。まず「講座派」マルクス主義史学の見地からすれば、大地主が多かった東北地方は「半農奴制的寄生地主制」の典型的地域（「東北型」）とみなされた。また、「近代主義」的社会科学の側から見れば、伝統的農村地域が多い東北地方は、日本人がめざすべき「近代市民社会」とは正反対の、「前近代」的な「ムラ社会」の典型であり、その意味で「後進地帯」であった。

右のような「戦後歴史学」の枠組みは、高度経済成長がもたらした巨大な社会変動と「近代化」のなかで徐々に説得力を失っていったが、それに代わる新たな体系が出現することがないまま、歴史研究者を拘束しつづけた。前述のような私の医療史研究も、こうした拘束との格闘と言えるが、一九九〇年代になると歴史学をめぐる状況は一変した。一九九〇年前後に生じた「冷戦」構造の解体＝「社会主義」体制の崩壊を背景に、「戦後歴史学」に代わるものとしての「現代歴史学」が主張されるようになったのである。しかし日本近現代史研究におけるその動向は、少なくとも私にとっては、「戦後歴史学」の裏返しにすぎないように思われた。すなわちそこでは、戦前日本の特殊な前近代的・半封建的性格を強調した「戦後歴史学」とは対照的に、「近代」こそが人びとに対する抑圧・規律・排除を強化するものとされ、そして明治以後の近現代史がこのような意味での「近代」の歴史であったことが強調されるようになった。このような潮流の代表が、西川長夫が提唱した「国民国家（批判）論」であったが、そこで提示される「近代」とは、ありとあらゆるルートを通じて、人びとが「国民」という「主体」として「国民国家」に統合（「回収」）される時代であった。この西川「国民国家（批判）論」は、一九九〇年代後半から二〇〇〇年代にかけて、日本近現代史研究に絶大な影響を与えた。しかし、前述のような感想を抱いていた私には、「国民国家（批判）論」が、国家の本質を経済構造やそこにおける階級的諸関係のあり方のなかに見出すマルクス主義の「基底還元論」的発想を裏返した、言わば「国民国家還元論」のように見え、またそれが「社会」の領域の独自性を否認するものであることに強い違和感を抱かせるものであった。

今日から振り返ってみると、二〇〇〇年代の日本近現代史研究は、「戦後歴史学」の凋落と「国民国家（批判）論」の台頭のなかで、それぞれの研究者の立場が鋭く問われた時期であった。そのようななか、二〇〇八年五月の歴史学研究会大会で提起されたのが、大門正克の「生存」の歴史学であった〔大門 二〇〇八〕。「生存」の歴史学については、本フォーラムにおいても大門が繰り返し論じているが、その出発点における特徴は、何よりも右のような日本近現代史研究の混迷状況のなかで、「戦後歴史学」とも「国民国家（批判）論」とも異なる歴史学の方法論を提示したところにあった。そこにおける「生存」の含意については、①従来別々に扱われがちであった「労働」と「生活」という二つの概念を統合し、「人びとが生き長らえるための営為」を総体として、言わば「生存システム」としてとらえる必要がある、②「生存」のあり方は、市場・国家・社会の仕組みと人びとの生存するという行為との関係のなかでつくられるものであるから、その考察は「構造」と「主体」の双方をトータルにとらえる必要がある、③「生存」は男女それぞれの行為・役割とかかわっているので、ジェンダーに敏感な議論が可能となる、④以上のような「生存」の視点は、社会経済史研究・歴史研究の存在意義を根源的に問い直すことにつながる、⑤「生存」は何よりも現在の新自由主義時代に問われている課題である、という五点があげられた。このように「生存」の歴史学とは、「戦後歴史学」や「国民国家（批判）論」のように、大きな歴史像を提示するグランドセオリーではなく、『生存』に視点をすえて従来の概念を再検討し、各歴史段階の社会的諸関係を把握し直す」ための方法論であった。だがそれは大門が、「生存」に関する考察を積み重ねるなかから「全体史への展望が開けるのではないだろうか」と述べているように、「生存」という視点から歴史像の抜本的な再構築をめざす大胆な提言であった。

大門の「生存」の歴史学のベースとなった研究の中核は、岩手県の農村をフィールドとしてなされたものであり、このことが私たちのフォーラムが発足する一つの前提となった。しかし私たちのフォーラムが発足する直接の契機となったのは、東日本大震災後の状況のなかで「生存」の歴史学がクローズアップされたことである。「はじめに」で述べたように、「東北フォーラム」のプロジェクトは、新宿朝日カルチャーセンターの連続講座から出発したが、この企画は「大震災とそれに続く原発事故を、戦後の日本が営々として築いてきた社会経済システムの崩壊と受けとめ」、日本の将来を深く案じていた石井勤（当時・朝日カルチャーセンター社長）が、二〇一一年九月に大門と出会い、「生存」の歴史学を知ったところから始まっている〔石井 二〇一三〕。「生存」の歴史学に対する石井の評価はきわめて高く、そのことは私たちのフォーラムが掲げた、①「『生存の歴史学』によって東北の歴史と現実を描き直す」、②「生存をキイワードに東北とこの国全体のあるべき姿を問い直す」、③「東北をキイワードに歴史学のあり方を問い直す」という方針にも反映されている。私たちのフォーラムを支えてきたのは、このような石井の「生存」の歴史学（とその可能性）に対する信頼であった。

東日本大震災後に「生存」の歴史学に注目したのは、石井だけではなかった。その一例が、二〇一一年一〇月に開催された日本史研究会大会である。同大会は、「東日本大震災の中で、私たち歴史研究者は、記憶を未来に伝えていく歴史学の営みの重要性を再度認識させられることになった」としたうえで、「現代社会が求める重要な役割を歴史学が担い、新たな課題に応えていくためにどうすればいいのか」という問題を提起し、このような問いに応えるべく、大会テーマとして「『生きること』の歴史像」、全体会シンポジウムのテーマとして「歴史における『生存』の構造的把握」を掲げた〔研究委員会 二〇一二〕。この全体会シンポジウムでは、私もシンポジストの一人を務めたが、そのテーマはもちろん大門の「生存」の歴史学をふまえて設定されたものであった。東日本大震災の衝撃は、歴史学の現代的役割をあらためて問い直させるものであり、そのなかで「生存」の歴史学がクローズアップされることになったのである。二〇一二年の「気仙沼フォーラム」、二〇一三年の「陸前高田フォーラム」では、私たちの予想を超える参加者を得たが、その背景には右のような「生存」の歴史学への関心の広がりがあったものと思われる。

3 「東北フォーラム」と「歴史実践」

前節では、私たちのフォーラムの意味を、学説史の文脈との関係で「解題」してきたが、「東北フォーラム」には今一つの特徴がある。私たちのフォーラムは、「気仙沼フォーラム」以降、被災地を会場として行われるようになったが、そこでは現地の人びとに講座で話してもらった。さらに「陸前高田フォーラム」以降は、フォーラムの場以外でもインタビューがなされ、その「対話」の記録が論集に収録されるようになった。フォーラムのなかでこのような現地の人びとの「語り」の比重が、しだいに大きくなったことは、最初の論集である『「生存」の東北史』と二冊目の論集である『「生存」の歴史と復興の現在』を見比べてみれば一目瞭然である。このようなフォーラムの変化は、私たちのフォーラムが「歴史実践」として行われたことと無関係ではない。

「歴史実践」という言葉の定義には論者によって差異があるが、この言葉を日本の歴史学界にもたらしたのは、オーストラリアの先住民アボリジニの研究書である保苅実『ラディカル・オーラル・ヒストリー』であった。同書において保苅は、「歴史」とは歴史学者によって発見されたり生産されたりするものだけではなく、誰もが「日常的実践のなかで、身体的、精神的、霊的、場所的、物的、道具的に過去とかかわる＝結びつく行為」として「実践」されているとし、そのうえで、「僕たちは、歴史実践というものを、歴史学者が古文書館や研究室でおこなっている辛気臭い作業だっていうふうに思い込みすぎているんじゃないか」、「歴史学者である僕たちが、自分たちだけが歴史家なんだという思い込みを留保すると、たぶんいろんな歴史家が僕らに話しかけてくるはず」と提言した［保苅　二〇一八：二二一―二二三］。

このような保苅の主張は、実は近代歴史学の根本を揺るがすインパクトをもつものであった。なぜなら、ドイツのランケによって一九世紀に確立された「歴史学」とは、「過去の事実を明らかにするという研究目的を達成すべく、資料という研究対象をもちい、資料収集、資料批判、事実記述という研究手続きを踏む」「科学」であり、そのような「歴史学」を扱いうるのは高度な専門的訓練を受けた「歴史学者」だけとされてきたからである［小田中　二〇二二：五四］。「歴史実践」についての保苅の主張は、このような専門的「歴史学者」のみが「歴史家」であるという歴史学の通念を突き崩すラディカルなものであり、以後「歴史実践」という用語は、多かれ少なかれ保苅の主張を念頭において用いられている。

もっとも、「歴史学者」のみを「歴史家」とすることの問題性は、保苅の著書が出現する以前から、一部の研究者の間では「常識」となっていた。そのようなきっかけをもたらしたのは、一九九五年に発生した阪神・淡路大震災である。阪神・淡路大震災後、関西では若手研究者を中心に、被災史料救出を目的とした歴史資料保全情報ネットワーク（史料ネット）が組織された。史料ネットの活動は、被災史料の救出から被災史料の保全、さらには震災の記憶の継承へと活動範囲を拡大することとなったが、史料ネットの中心的役割を担った奥村弘は、自らの経験をふまえ「史料をつかって『完成された』歴史像を歴史研究者が市民に返していくという形での歴史像形成ではなく、史料の発掘・整理・保存を含めた歴史像の形成過程そのものが、なんらかの形で市民にも共有されることが重要」と主張した〔奥村　二〇〇〇〕。このような提言がなされるなかで、兵庫県では自治体史の編纂や博物館の展示において、地域住民と歴史の専門家の共同作業が意識的に追求される事例も登場した〔奥村　二〇〇七〕。これは歴史研究者が大震災と向かい合うなかで、「内発的」に登場した「歴史実践」と言えるだろう。

阪神・淡路大震災後に生じた今一つの「歴史実践」は、震災体験の記録化であった。阪神・淡路大震災後には、膨大な人びとが自己の体験を次世代に伝えるべく、自ら記録するという行為が見られ、また被災者に対する「聞き取り」もさまざまな場で組織的に行われた（私もその一部に参加した）。このような「歴史実践」はおそらく日本史上、前例のない規模のものであったと思われるが、そうして記録化された震災体験を手がかりに、人びとの「つながり」や「きずな」の意味について思索を深めたのが大門であった〔大門　二〇〇八〕。このときになされた大門の思索は、明らかに「東北フォーラム」における一連の取り組みにつながっている。

私たちのフォーラムは、新宿での連続講座から「歴史実践」を標榜していたが、そのことの意味が議論されたわけではなく、それゆえメンバーの間に明確な合意があったわけでもない。しかし、こうして振り返ってみると、「歴史実践」としての「東北フォーラム」には、前述のような「歴史実践」のすべてが前提とされていたように思われる。ともあれ、このような背景から私たちのフォーラムは、専門の歴史家が「完成された」歴史像を持ち込むのではなく、むしろ現地の人びととの「対話」から学ぶことに力点をおく、双方向的なものとして企画されることとなった。だが前述のように、現地の人びととの「対話」は、やがてそれ自体が重要なものとされるようになった。このような変化には、震災から時間が経過するなかで変化する現地の状況を記録するという意味とともに、人びとの「語り」についての大門のとらえ直しが影響を与えている。

大門は二〇一七年、自らの経験を元にオーラル・ヒストリーの方法を検討した『語る歴史、聞く歴史――オーラル・ヒストリーの現場から』を刊行し、「私は、『語る歴史、聞く歴史』に今後の歴史学の可能性があると思っている」と述べた。そのような可能性の一例として、「陸前高田フォーラム」における佐々木利恵子さん（当時・高田保育所長）の話が紹介されている［大門　二〇一七］。

二〇一三年九月二八日、一〇〇人近くが集まったフォーラム当日は、私が聞き役になりながら、佐々木さんに話していただいた。……佐々木さんの話が参加者を引きつけるなかで、聞き役だった私は、「すぐ身近な保育所にも大事な歴史があり、それは今後の復興のための地域の蓄積にほかならないのではないか」と述べた。佐々木さんの丁寧な話の中から、右に述べたことが見えてきたからである。すぐ身近なところにも大事な歴史があることの発見は、参加者にとって驚きだったようだ。……歴史は私たちの外側にそびえ立っているのではなく、私たちもまた歴史につながっている。佐々木さんの話は語る歴史としての魅力を発揮し、さらに歴史を私たちに身近なものとして認識させてくれた。「語る歴史、聞く歴史」の可能性の一端が、ここからも伝わってくるのではないだろうか。

こうして大門は、現地の人びととの「対話」そのものに、「可能性」を見出すようになった。このような変化は、「生存」の歴史学のとらえ直しにもつながっている。この点について大門は、次のように述べている〔大門　二〇一九：三四一〕。

「生存」の歴史学について、私は、かねがね歴史と現在の往還のなかで考える必要があると指摘してきた。私たちの取り組みの検証による三つの論点と私自身の実践をふまえ、今、あらためて歴史と現在の往還について考えをめぐらせば、その往還は、時代と向き合うことだけを指すのではない。今を生きることを実感して読み、聞くなかで歴史と向き合うこと自体が、歴史と現在の往還にほかならず、生きることにかかわる「生存」の歴史学にとって、歴史と現在の往還は欠かせないことのように思う。

右のように再定義された「歴史と現在の往還」を、大門は「生存」の歴史学を構成する四つの視点の一つとして位置づけることとなった。

以上、本章では私たちのフォーラムの意味を、その「前史」までさかのぼって「解題」を試みた。そこで浮き彫りになったのは、「東北フォーラム」が東日本大震災への歴史研究者としての対応であると同時に、さまざまな意味で一九九〇年代以降の歴史学の動きとつながっていること、そしてフォーラムを重ねるなかで「生存」の歴史学も変化してきたということであった。もっとも本章で示した連関のなかには、この作業を通じてはじめて気づいたことも多く、その意味で本章は私自身に向けた「解題」とも言える。このような本章が、「東北フォーラム」および「生存」の歴史学理解の一助となれば幸いである。

文献一覧

石井　勤「『生存』の歴史」を語り継ぐ――あとがきにかえて」大門正克・岡田知弘・川内淳史・河西英通・高岡裕之編『「生存」の東北史――歴史から問う3・11』大月書店、二〇一三年
大門正克「序説　『生存』の歴史学――『一九三〇〜六〇年代の日本』と現在との往還を通じて」『歴史学研究』第八四六号、二〇〇八年一〇月
――『歴史への問い／現在への問い』校倉書房、二〇〇八年
――『語る歴史、聞く歴史――オーラルヒストリーの現場から』岩波新書、二〇一七年
――「『生存』の歴史をつなぎ直す――分断を越える道を探る」大門正克・岡田知弘・川内淳史・河西英通・高岡裕之編『「生存」の歴史と復興の現在――3・11分断をつなぎ直す』大月書店、二〇一九年
奥村　弘「時代が求める歴史研究のあり方とは――史料ネットの活動から考える」『歴史学研究』第七三八号、二〇〇〇年七月
――「市民社会形成の基礎学としての歴史研究の今日的位置」『歴史評論』第六八六号、二〇〇七年六月
小田中直樹『歴史学のトリセツ――歴史の見方が変わるとき』ちくまプリマー新書、二〇二二年
河西英通「近代日本と東北・東北人論」大門正克・岡田知弘・川内淳史・河西英通・高岡裕之編『「生存」の東北史――歴史から問う3・11』大月書店、二〇一三年
研究委員会「大会テーマ説明」『日本史研究』第五九四号、二〇一二年二月
後藤道夫『戦後思想ヘゲモニーの終焉と新福祉国家構想』旬報社、二〇〇六年
杉原薫・玉井金五編『大正／大阪／スラム――もうひとつの日本近代史』新評論、一九八六年
永原慶二『20世紀日本の歴史学』吉川弘文館、二〇〇三年
保苅　実『ラディカル・オーラル・ヒストリー――オーストラリア先住民アボリジニの歴史実践』岩波現代文庫、二〇一八年

あとがき

東日本大震災後の二〇一二年二月、東北の近現代史を研究する岡田知弘、川内淳史、河西英通、高岡裕之と私の五人に、当時、朝日カルチャーセンター社長だった石井勤、編集者の角田三佳の七人が集まり、震災の歴史と復興の現在を考える企画を行うことを決める。そして同年四月から東京新宿の朝日カルチャーセンターで講座を開き、その後、被災地の宮城県気仙沼市、岩手県陸前高田市、福島県福島市でフォーラムを開催して、二〇二〇年と二〇二一年には、陸前高田市でフォーラムを重ねた。

本書は、陸前高田市で取り組んできたフォーラムを中心にして、今までのフォーラムをふまえてまとめられた。東日本大震災にかかわる私たちの本としては、『「生存」の東北史――歴史から問う3・11』（大月書店、二〇一三年）、『「生存」の歴史と復興の現在――3・11　分断をつなぎ直す』（大月書店、二〇一九年）に次ぐ三冊目になる。以上の経緯については、本書第7章でふれているのでそちらを参照していただきたい。

陸前高田を訪ねるたびに、私は記録をつくってきた。ここでは、その記録をもとに私と私たちの陸前高田とのかかわりを振り返り、「あとがき」にかえたい。

震災前に私は、一九七〇年代の陸前高田広田湾開発問題をめぐる小学生の作文を読んでいた。二〇一一年八月、瓦礫撤去のボランティアではじめて陸前高田を訪ね、その年の秋に陸前高田の中心部を見たときの光景が忘れられない。ボランティアのあと、作文を書いた一人の徳山高志さんに会うことができ、秋に陸前高田市広田町にある徳山さんの実家に泊めてもらった。そのとき、早朝に町の中心部を訪ね、高田病院や市役所、体育館、図書館、博物館、高田高校などの近くまで行き、なかにも入ることができた。

戦時期以来の公的病院の歴史を受け継ぎ、紆余曲折を経ながらも岩手県では県立病院が重要な役割を果たしてきた。高田病院もその一つである。被災した高田病院のなかは、当日の津波を受けた混乱のままのようであり、医療器具や机などが散乱し、泥土がたまっていた。生命を守るべき場所の無残な変貌に、何とも言えない気持ちになり、四階まで階段を駆け上り、屋上に出た。ここは震災当日、医者や看護師が一夜を明かしたところである。四階までの部屋に残っていた患者たちは、ほとんど助からなかったという。

図書館と博物館のなかは、ある程度整理されていた。図書館一階には残った子どもの本や雑誌が隅に積まれており、二階には地域に関する専門書や歴史書がまとめられている。それぞれの階の様子が目に浮かび、人のざわめきが聞こえてきそうだった。パネルやジオラマ、標本の残る博物館からも、人の賑わいが感じられるようだった。高田市立博物館は県下ではじめての公共博物館である。図書館や博物館の公共的施設が地域社会にあり、市民を支え、市民に支えられていたのではないか、それがなくなることの意味などが頭をかけめぐった。高田高校にも入る。徳山さんの母校であり、徳山さんのお父さん（徳山衛さん）が教えていたところだ。ノートや同窓会報が散乱して残る。

瓦礫撤去のボランティアをしたあと、私は、震災後に私がすべきことは、「一見すると何もかもなくなったように見える地域を掘り起こし、歴史のなかの生きた証しを伝えることだと自覚している」と書いた（『岩手日報』二〇一一年九月一三日）。このとき、私に具体的な見通しがあったわけではまったくない。ただし、本書発刊を前にして振り返ると、散乱の極みだった高田病院や、賑わいが感じられた図書館、博物館の光景は、私のなかで陸前高田とかかわる原点に位置していたのではないかと思う。

私たちは、いくつかの手がかりをもとに、二〇一三年に陸前高田フォーラムを開き、その後、再び、二〇二〇年から陸前高田でフォーラムを開いてきた。この間、私たちは、二〇一二年の気仙沼フォーラムと翌年の陸前高田フォーラムにかかわる思いを胸に刻んできた。はじめて被災地で開いた気仙沼フォーラムの場では、参加者から「隔靴掻痒」という感想が聞こえた。また、気仙沼で長い間、民俗学を研究してきた川島秀一さんにお願いしたコメントでは、「震災前の三陸沿岸の、生活感覚や歴史的認識が排除された復興計画は必ず失敗する」という指摘を受けた。翌年の陸前高田フォーラムでは、巨大な嵩上げに向かう復興に違和感を述べる人がおり、先行きの見えないなかで、歴史に戻って考えるフォーラムにもどかしさを吐露する人もいた。これらの感想やコメントは、十分に地域の「生活感覚や歴史的認識」をふまえているのかという厳しい批判として私たちは受けとめた。二〇二〇年の陸前高田プレ・フォーラムと、二〇二一年の陸前高田フォーラムは、ここでの批判を受けとめ、応えるものでなくてはならなかった。

他方で、二〇一三年の陸前高田フォーラムのアンケートには、保育所と博物館の話に対して、身近なところにも歴史があることに気づき、そこに地域の今と将来を考える手がかりがあるのではないかと感想を書いた参加者もいた。震災後の復興過程は見えにくく、町と人びとからは焦燥感や孤立感が感じられ、何よりも手がかりとなる資料は津波により消失・散逸している状態だったが、私たちはいくつかの声を手がかりに、手さぐりで陸前高田の人たちから話を聞くことを重ねた。話を聞いたのは、病院、博物館、図書館、市役所などにかかわる方々であり、二〇一三年の陸前高田フォーラム以来、元高田保育所所長であった佐々木利恵子さんが加わった。

震災当時、高田病院長だった石木幹人さんには、二〇一五年八月、前年に完成した災害公営住宅にある市民交流プラザで、二〇一七年九月には、二又診療所でそれぞれ話をうかがった。災害公営住宅に高齢者医療の拠点をつくり、二又診療所では、劇や紙芝居を含めて、健康支援員と一緒に、震災後、とくに地域で孤立しがちな高齢者の医療サポートに取り組んでいた。それぞれの場で、復興後の支援からこぼれ落ちる懸念のあった高齢者医療を担う姿が印象に残る。

博物館の学芸員である熊谷賢さんには、数回にわたり、被災資料の修復などをしていた旧生出小学校で話を聞いた。博物館の資料がいかに市民に支えられてきたのか、地域の「たからもの」を市内と全国各地で展示することで、市民にもう一度陸前高田の文化と歴史を思い出してもらい、全国各地にはそれぞれの「たからもの」があることに気づいてもらう、こうした取り組みは、長年にわたる陸前高田市立博物館の歴史によって支えられていることがよくわかった。二〇二二年一一月に、新たに開館された陸前高田市立博物館の常設展示と企画展示は、今までの博物館の歴史、たくさんの人びとによって担われてきた修復、市内と各地での展示の取り組みなど、この一〇年の営みを見事に反映したものだった。

二〇一七年に新設された陸前高田市立図書館では、館長の菅野義則さんから話をうかがった。陸前高田市の復興の重要な方針の一つは、嵩上げをした町の中心部をどのようにつくるかであった。陸前高田市は、町の中心部に構えた「アバッセたかた」に、図書館と地元の商業施設を設置した。図書館は、子どもから大人まで利用者が多く、人が集う大事な場所になっている。また、図書館には、岩手県立博物館の協力を得たり、市民から提供を受けたりした地域資料が少しずつ増えてきた。今後、市の中心部で、博物館と図書館が連携し、商業施設などもあいまって賑わいをつくりだす可能性を感じている。

市役所における復興の取り組みについては、陸残高田市職員だった阿部勝さんからたびたび話を聞き、「陸前高田昔がたりの会」の阿部裕美さん、震災後に陸前高田に移住した古谷恵一さん、東海新報や岩手日報の記者さんなど、多くの方々から話をうかがってきた。

復興の過程がなかなか見えないなかで、「記憶のまち」と「新たなまち」が交差したこの一〇年は、私たちにとっても試行錯誤の連続であり、議論も曲折をたどったが、本書を通じて、私たちは、ようやく一〇年間の議論をある程度まとめることができる地点にまできたように思う。そのことを集約して示したのが、第7章の図8「『生存』の歴史学の構造と過程」である（本書二一六ページ）。もう一度、図8を見てほしい。博物館や図書館が、多くの修復資料や市民から新たに提供された資料によって支えられて新設開館したように、私たちもまた図書館に新たにおさめられた修復資料を閲覧し、保育資料のように、残されていた資料を発見し、それらを読み、人びとに話を聞くなかで、本書の輪郭をつくってきた。資料や文化や記憶は、地域の人びとを支え、地域の人びとの暮らしが資料や文化、記憶を支える。

こうして人びとの声の聞き取りと資料の検討から、陸前高田の歴史と現在が往還するように浮かびあがり、震災の前後に、陸前高田に暮らす人びとの「生存」のあり方が継承・更新されていく過程が見えてきた。それは、陸前高田の過去と現在を学ぶことで見えてきたことであり、今後の陸前高田の「生存」のあり方の足場になるものだと私たちは考えている。石木幹人さんの話と陸前高田の医療・介護など、十分に取り組めなかった課題も残されている。それでも、陸前高田の人びとの「生存」のあり方を各方面から検討し、「生存」の歴史をつなぐ道を探った本書を、ぜひ多くの人たちに読んでいただきたいと思っている。

なお、本書では、私たちメンバーについては敬称を略し、そのほかの方々の敬称については、各章の執筆に委ねてある。

本書の編集と製作にあたっては、出版事情の厳しい折に績文堂出版に引き受けていただくことができ、大変お世話になった。心より感謝申し上げたい。

あらためて、この一〇年間にわたる陸前高田の方々のご厚情に心より感謝申し上げたい。

二〇二三年五月

大門正克

執筆者

阿部裕美（あべ　ひろみ） 1967年生まれ
　陸前高田昔がたりの会会長

阿部勝（あべ　まさる） 1960年生まれ
　前陸前高田市地域振興部長・陸前高田市学童保育協会理事長

石井勤（いしい　つとむ）1951年生まれ
　元朝日新聞記者・元朝日カルチャーセンター社長

菅野義則（かんの　よしのり） 1959年生まれ
　前陸前高田市立図書館館長

佐々木利恵子（ささき　りえこ） 1957年生まれ
　元陸前高田市立高田保育所長

古谷恵一（ふるたに　けいいち） 1988年生まれ
　一般社団法人マルゴト陸前高田理事

編者
大門正克（おおかど　まさかつ）1953 年生まれ
早稲田大学特任教授／歴史学，近現代日本社会経済史
岡田知弘（おかだ　ともひろ）1954 年生まれ
京都橘大学教授／経済学，地域経済論，地域形成史
川内淳史（かわうち　あつし）1980 年生まれ
東北大学准教授・NPO 法人宮城歴史資料ネットワーク／歴史学，
近現代日本の地域史，資料保全論
河西英通（かわにし　ひでみち）1953 年生まれ
広島大学名誉教授／歴史学，近現代日本の社会・文化論
高岡裕之（たかおか　ひろゆき）1962 年生まれ
関西学院大学教授／歴史学，近現代日本の社会・文化史

「生存」の歴史をつなぐ――震災10年，「記憶のまち」と「新たなまち」の交差から

2023 年 6 月 10 日　第 1 刷発行

編　者　大門正克 ほか
発行者　野田美奈子

発行所　績文堂出版株式会社
〒 101-0051 東京都神田神保町 1-64 神保町ビル 402
☎ 03-3518-9940　FAX03-3293-1123

装幀　オコデザイン事務所
印刷・製本　信毎書籍印刷

ISBN978-4-88116-127-2 C3020